VIRTUAL KNOCKERS

Eine ausgedehnte Reise durch die Wege der KI

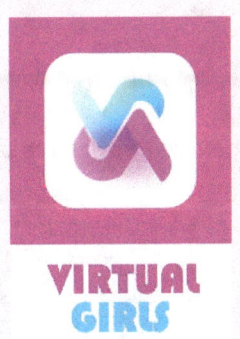

VIRTUAL
GIRLS

MUJIKA, Ed. 2023

Virtual Knockers. Eine ausgedehnte Reise durch die Wege der KI, Tapachula. Virtual Girls.

Dieses Werk ist unter CC BY-NC-SA 4.0 lizenziert.

15.24 × 22.86 cm

Kontakt: editorial.paracelso@gmail.com

GLOBALE AUSGABE

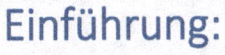

Einführung:

Im Bereich der künstlerischen Ausdrucksweise werden die Grenzen der Kreativität kontinuierlich verschoben und enthüllen neue Grenzen, die unsere Wahrnehmungen herausfordern. In dieser fesselnden Sammlung begeben wir uns auf eine einzigartige Reise, bei der Schönheit auf Innovation trifft, wo die ätherische Anmut der Frauen mit den bahnbrechenden Fortschritten der Künstlichen Intelligenz verflochten wird.

In den Seiten dieses Buches präsentieren wir eine bemerkenswerte Zusammenstellung von Bildern, die die Verschmelzung von Kunst und Technologie feiern. Jedes Bild, dem Sie begegnen, wurde sorgfältig von modernsten Algorithmen erstellt, geleitet von der geschickten Hand der Künstlichen Intelligenz. Diese atemberaubenden Darstellungen weiblicher Schönheit sind nicht das Produkt herkömmlicher menschlicher Kunstfertigkeit, sondern vielmehr eine Manifestation der grenzenlosen Möglichkeiten, wenn maschinelles Lernen mit der Ästhetik der Weiblichkeit verschmilzt.

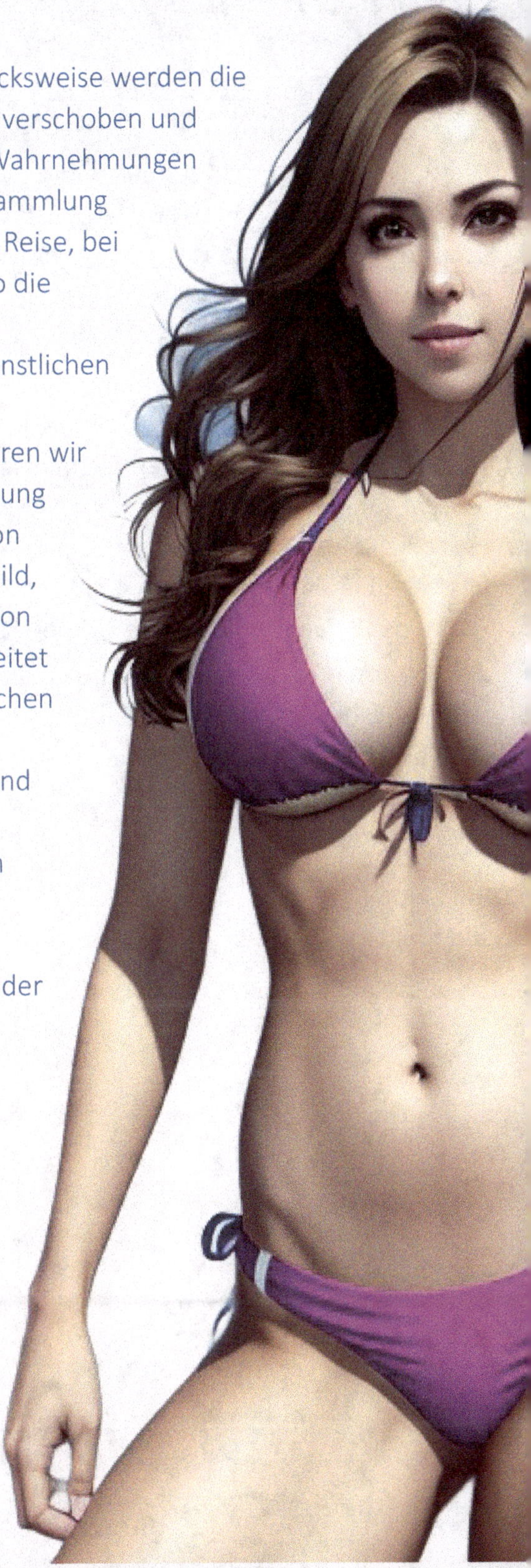

Im Laufe der Geschichte hat sich die Definition von Schönheit weiterentwickelt, geprägt von kulturellen Idealen, persönlichen Perspektiven und gesellschaftlichen Normen. Es ist ein fließendes Konzept, das die Grenzen von Zeit und Raum überschreitet. In dieser Sammlung möchten wir zur Kontemplation und Selbstreflexion anregen und die Leser dazu ermutigen, über die Essenz von Schönheit und ihre facettenreiche Natur nachzudenken.

Diese KI-generierten Bilder umfassen ein breites Spektrum an Erscheinungsbildern und zeigen das reichhaltige Gewebe der menschlichen Ästhetik. Von zarten Merkmalen, die mit einer Spur von Verletzlichkeit versehen sind, bis hin zu kühnen Ausdrücken, die Selbstvertrauen ausstrahlen, fordert das visuelle Panorama, das von diesen intelligenten Algorithmen gemalt wurde, vorgefasste Vorstellungen heraus und lädt uns ein, das Zusammenspiel von Wahrnehmung und Realität zu erforschen.

Während wir uns in diese bemerkenswerte Verschmelzung von Kunst und Technologie vertiefen, wollen wir die Vorstellung annehmen, dass Schönheit nicht ausschließlich dem Bereich menschlicher Kreation vorbehalten ist. Indem wir die Grenzen der kreativen Möglichkeiten ausloten, bietet uns Künstliche Intelligenz einen Einblick in eine alternative Welt, in der Algorithmen mit Ästhetik verschmelzen und außergewöhnliche Kompositionen enthüllen, die die Vorstellungskraft fesseln.

Willkommen zu dieser visuellen Expedition, in der sich die Reiche menschlicher Schönheit und maschinengenerierter Künste verweben. Begleiten Sie uns auf dieser bahnbrechenden Erkundung der fesselnden Landschaften, die durch die Zusammenarbeit des menschlichen Geistes und des unendlichen Potenzials der Künstlichen Intelligenz geschaffen wurden.

Ed Mujika

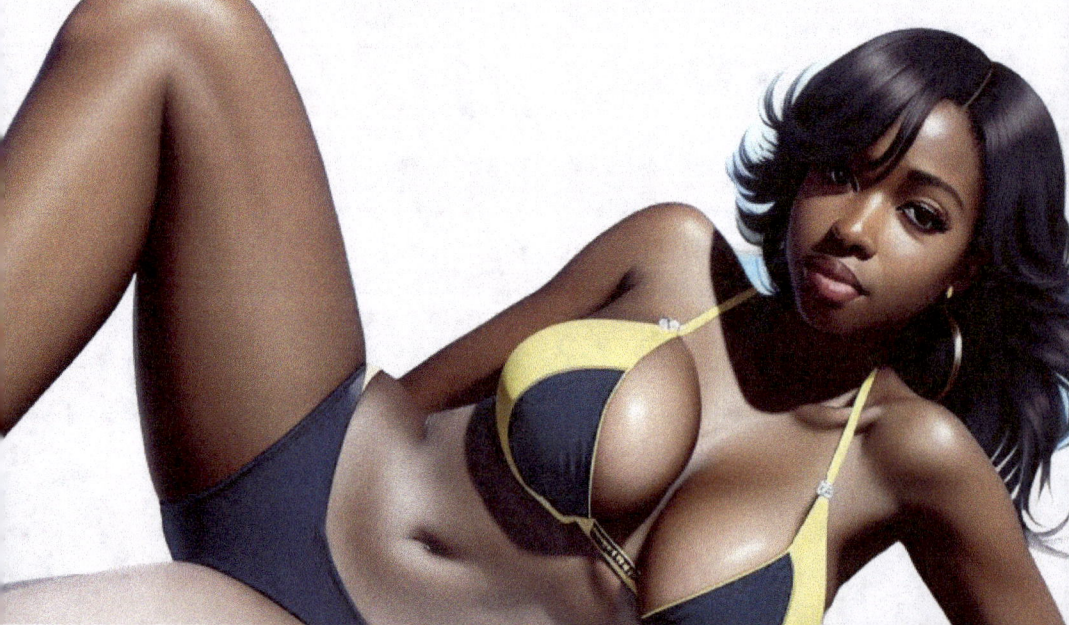

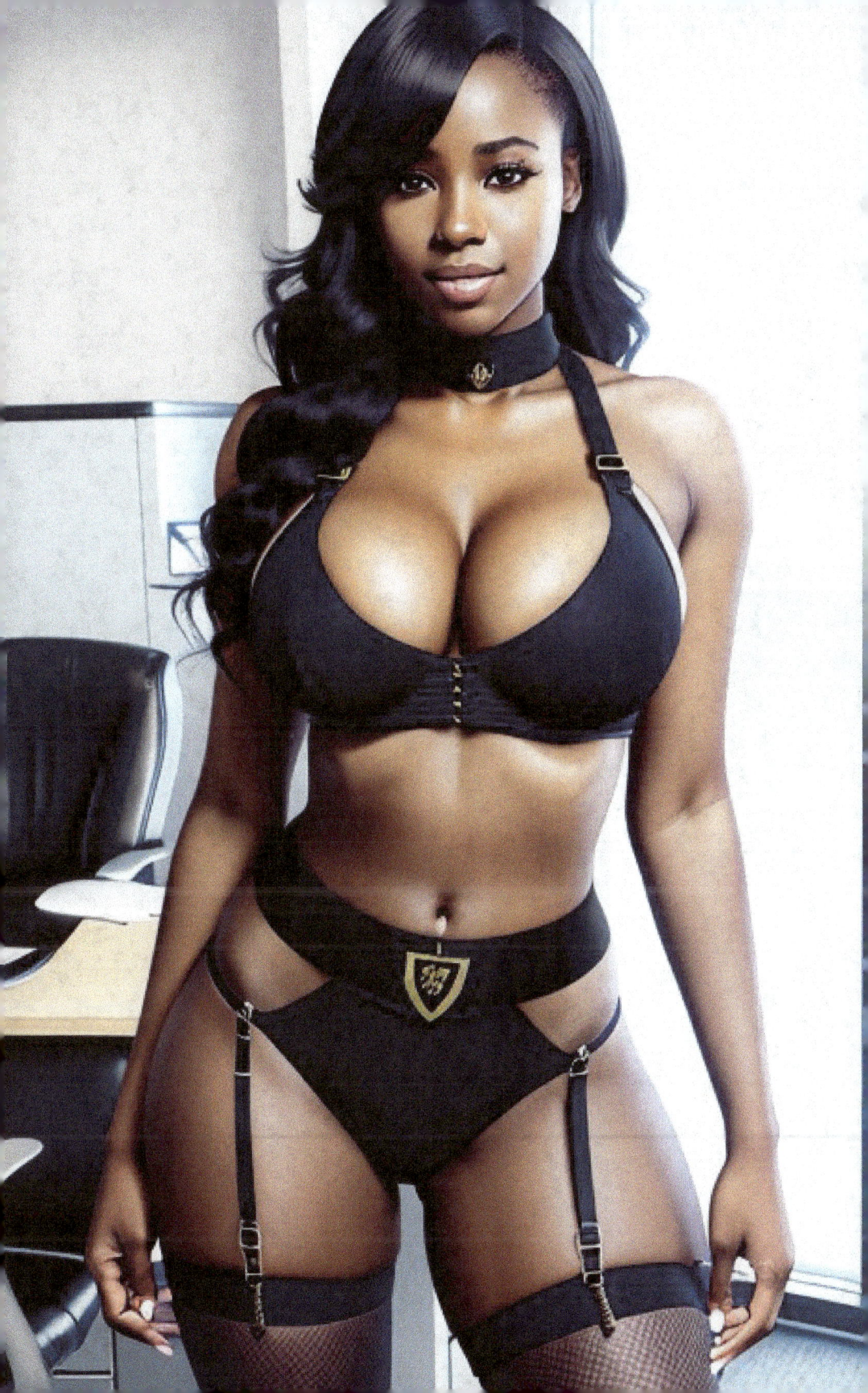

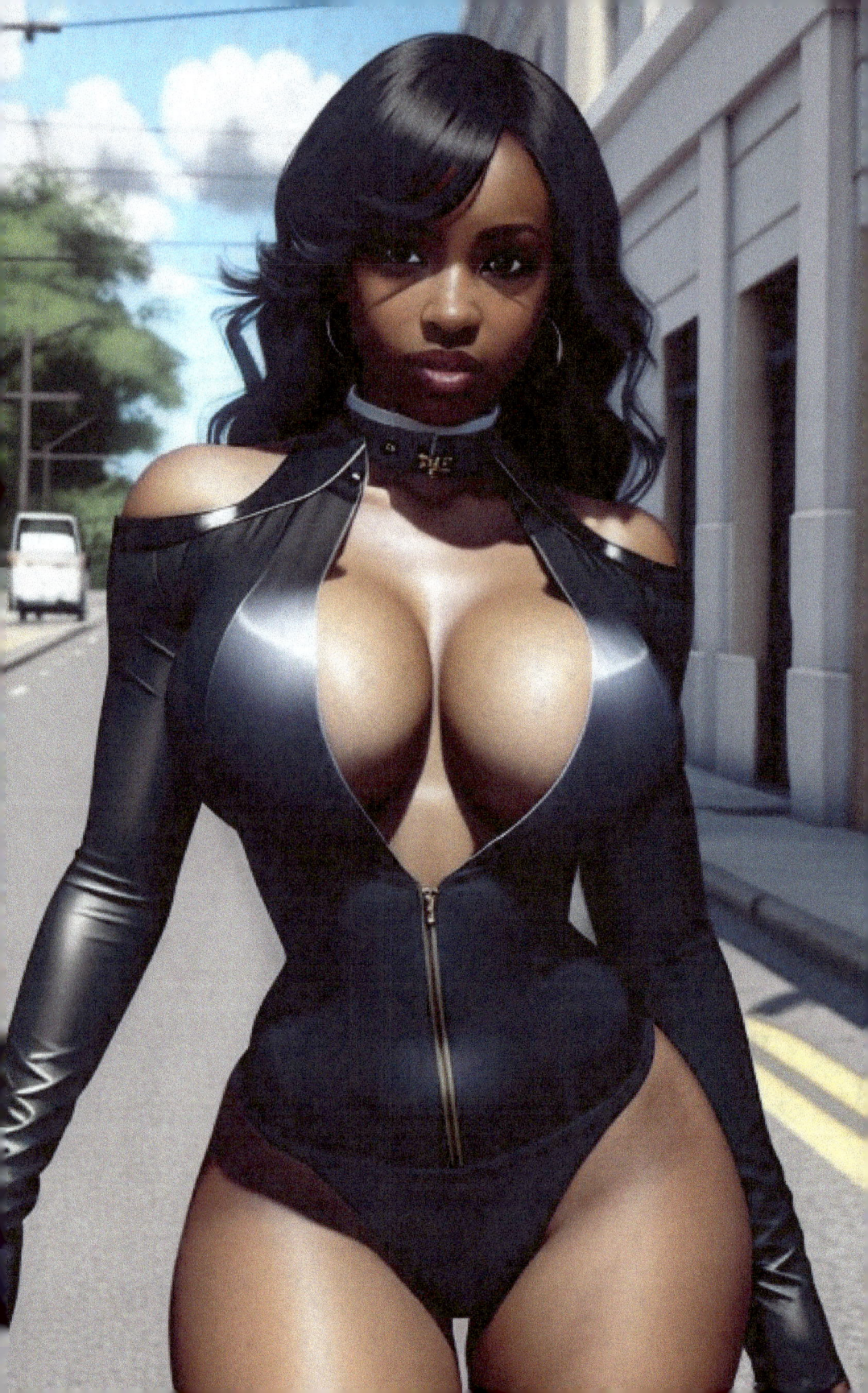

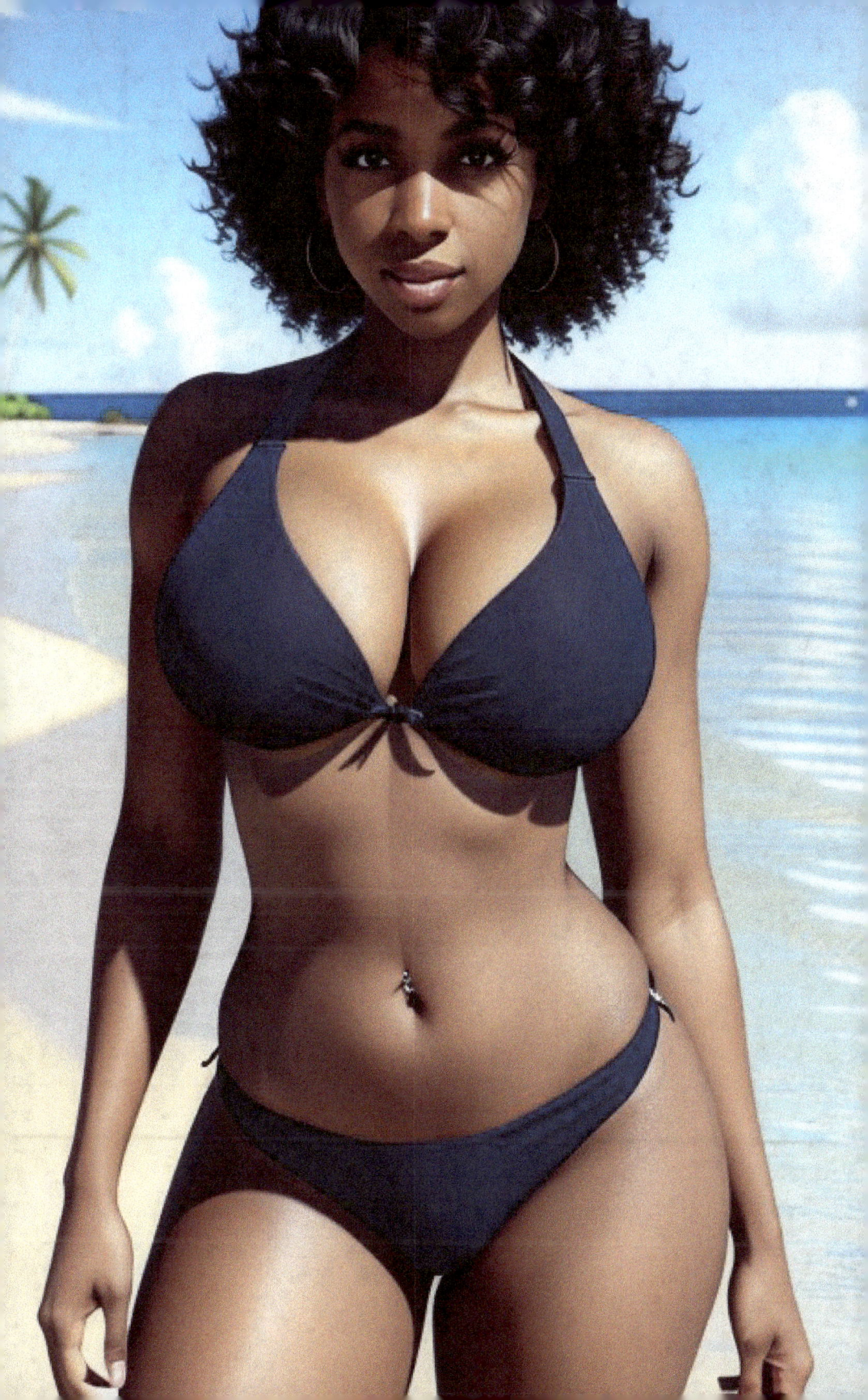

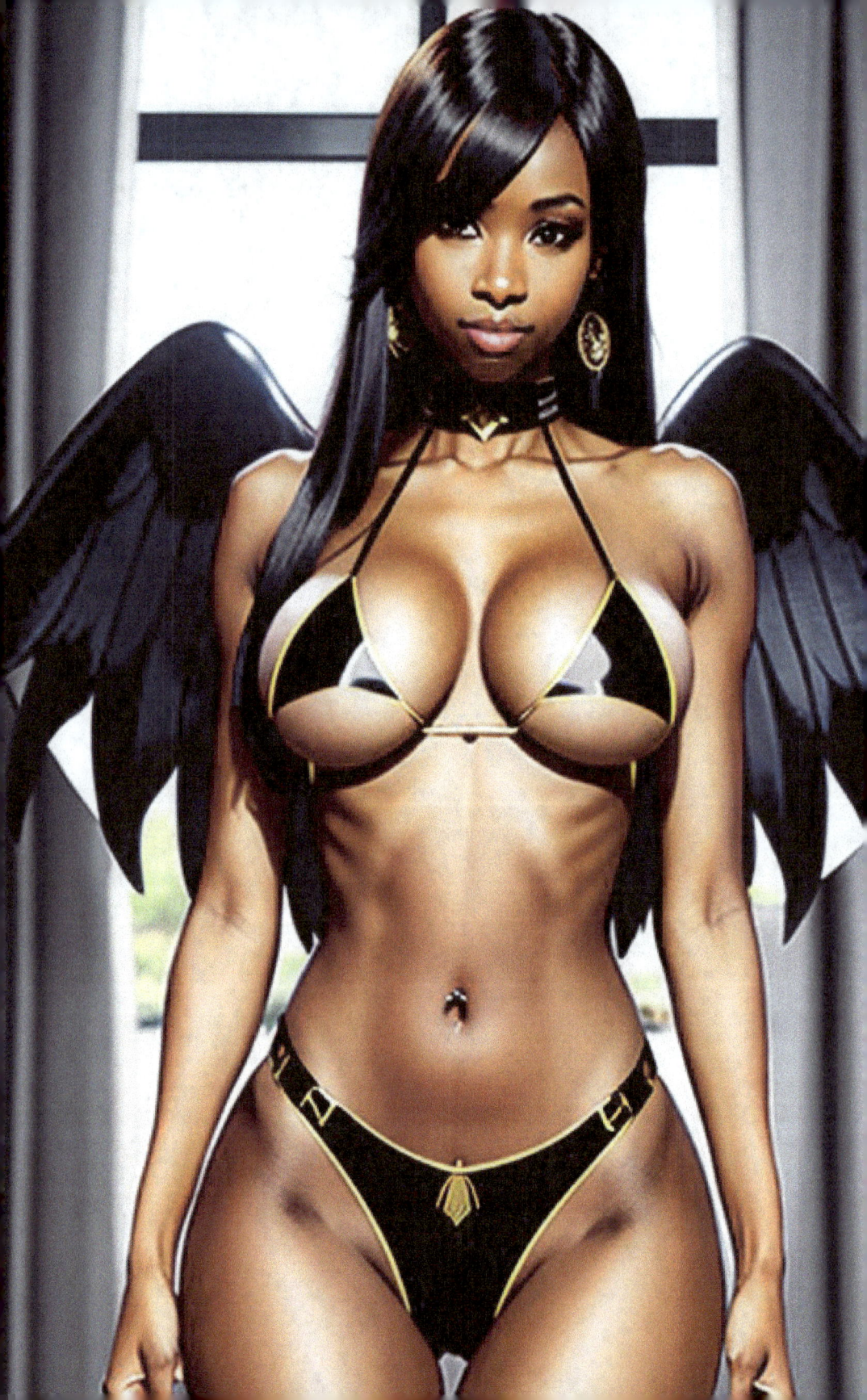

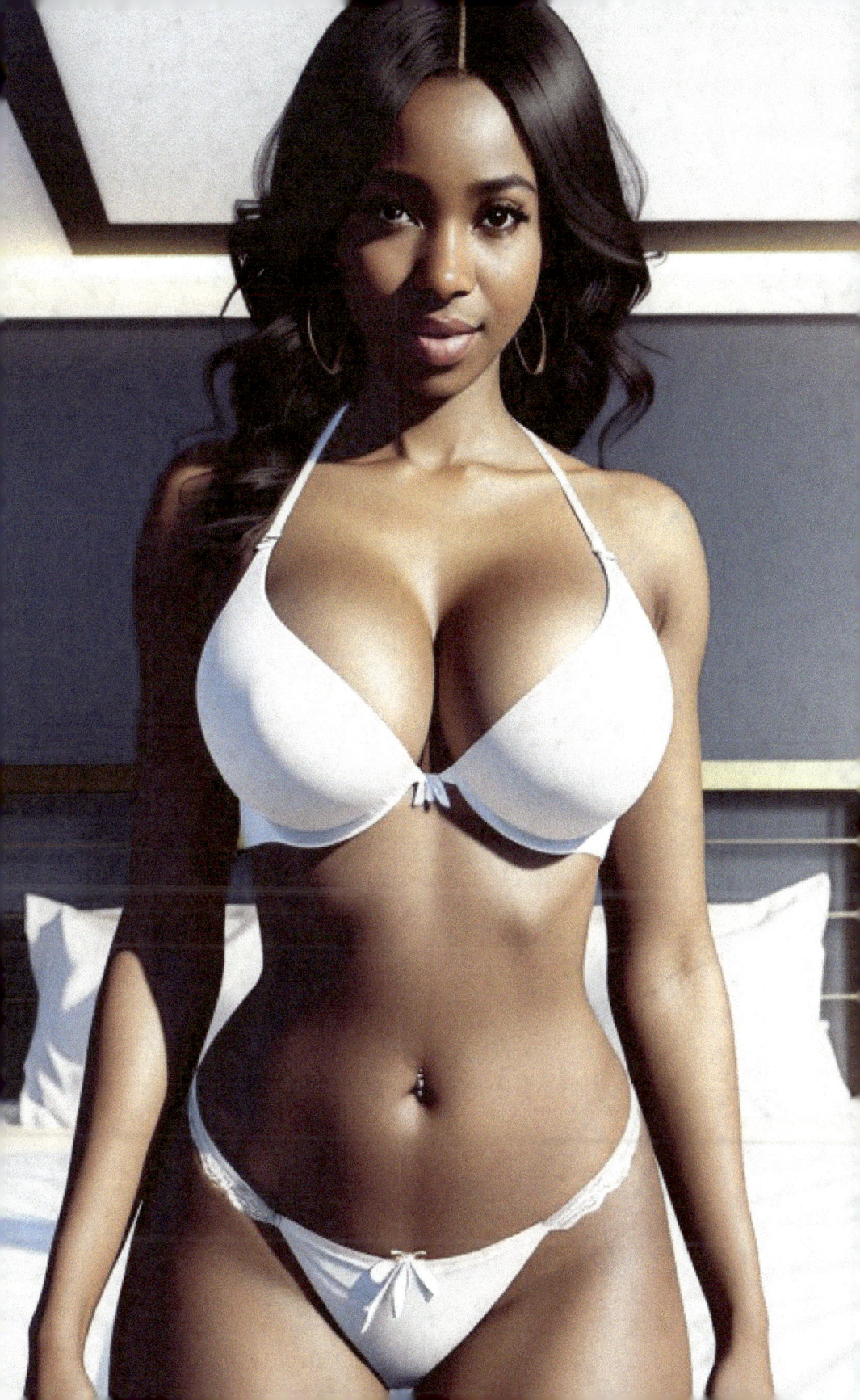

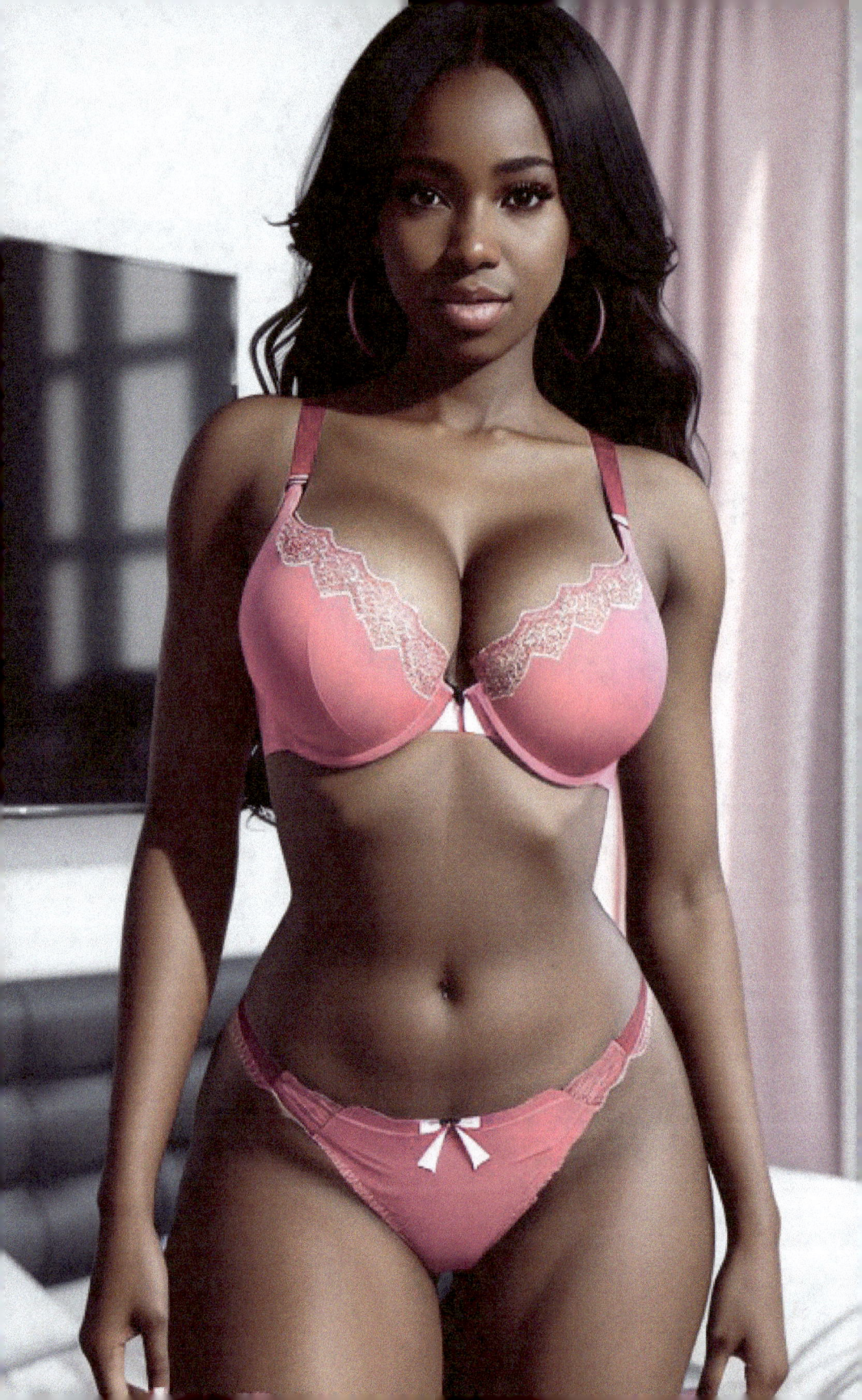

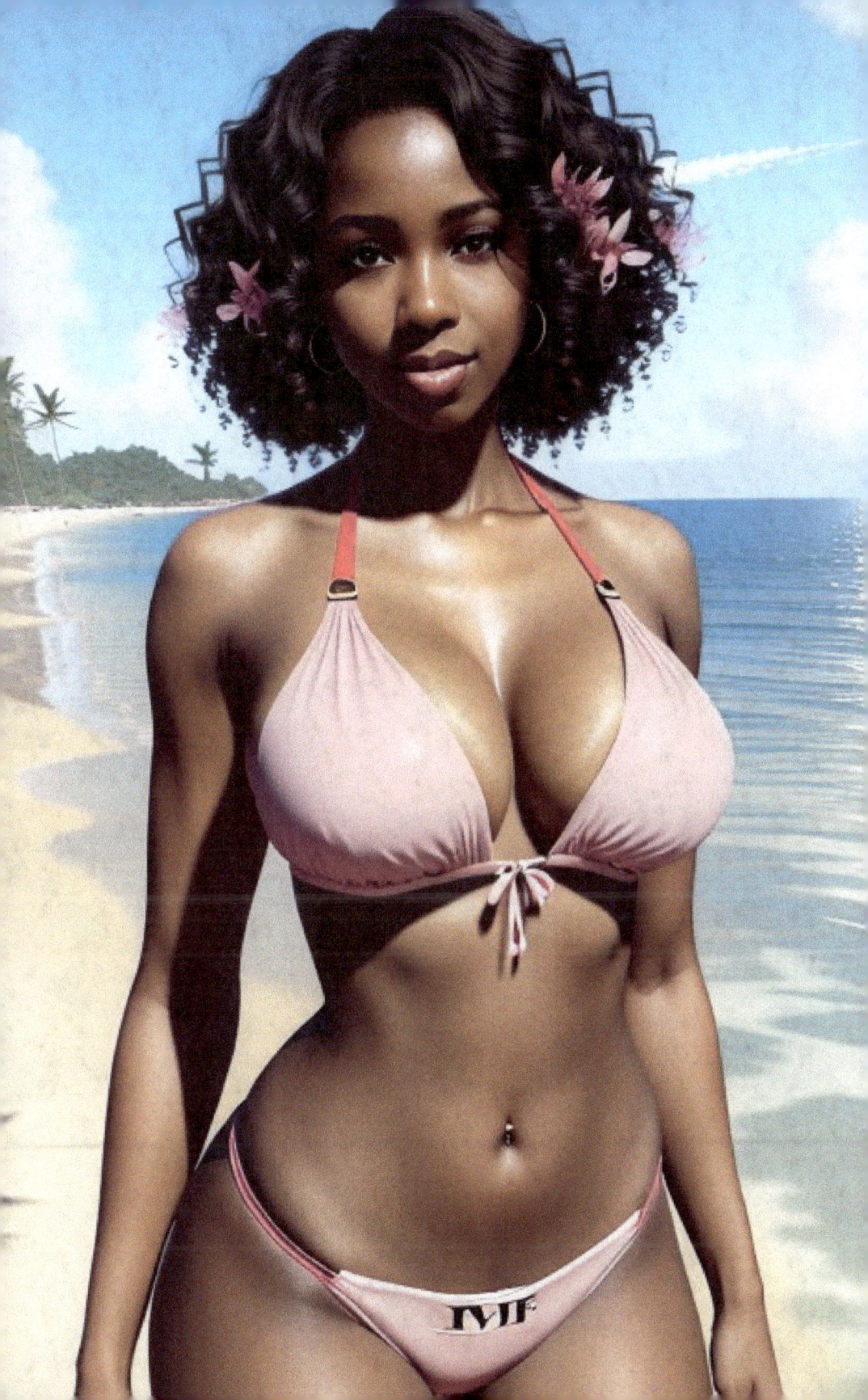

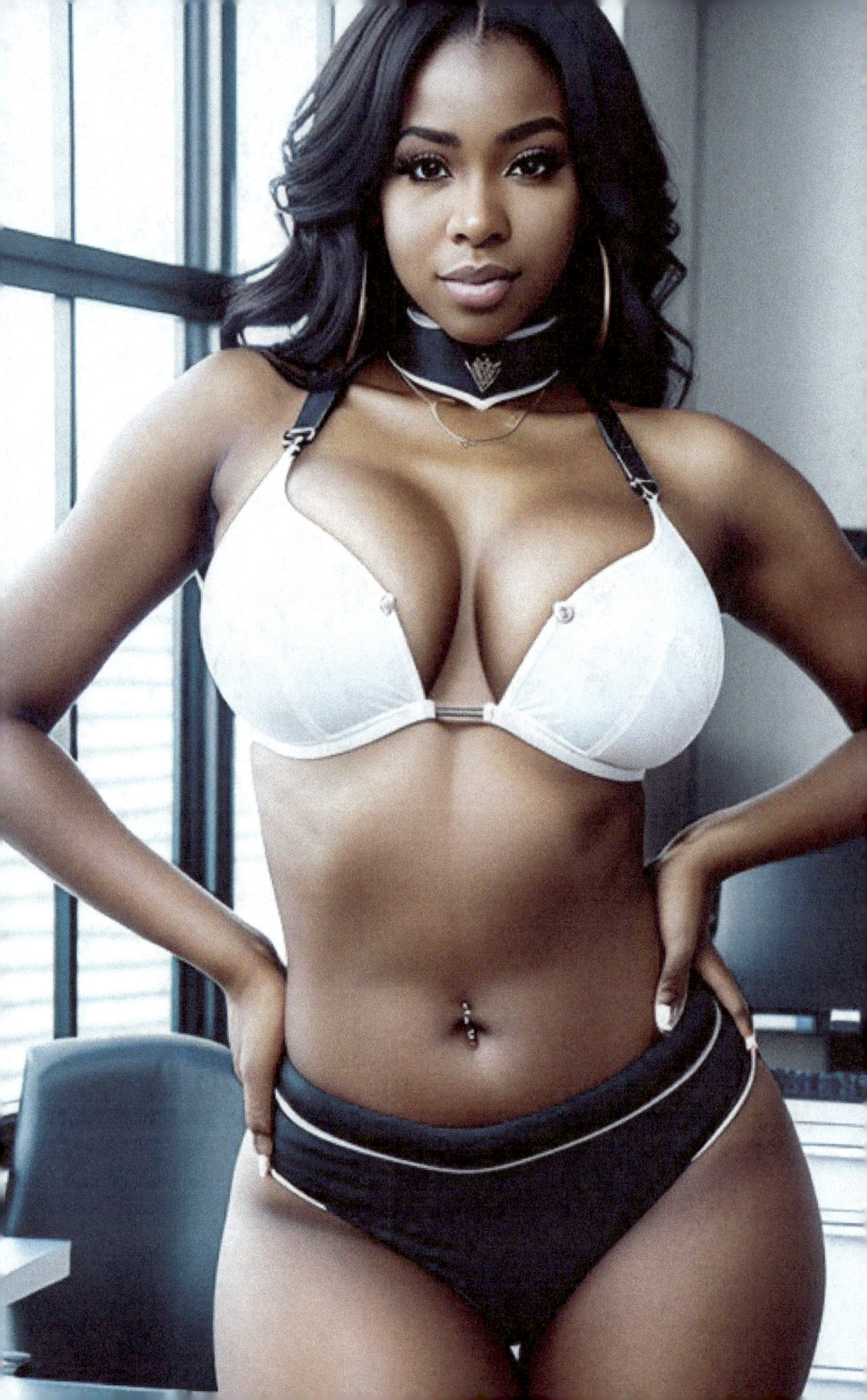

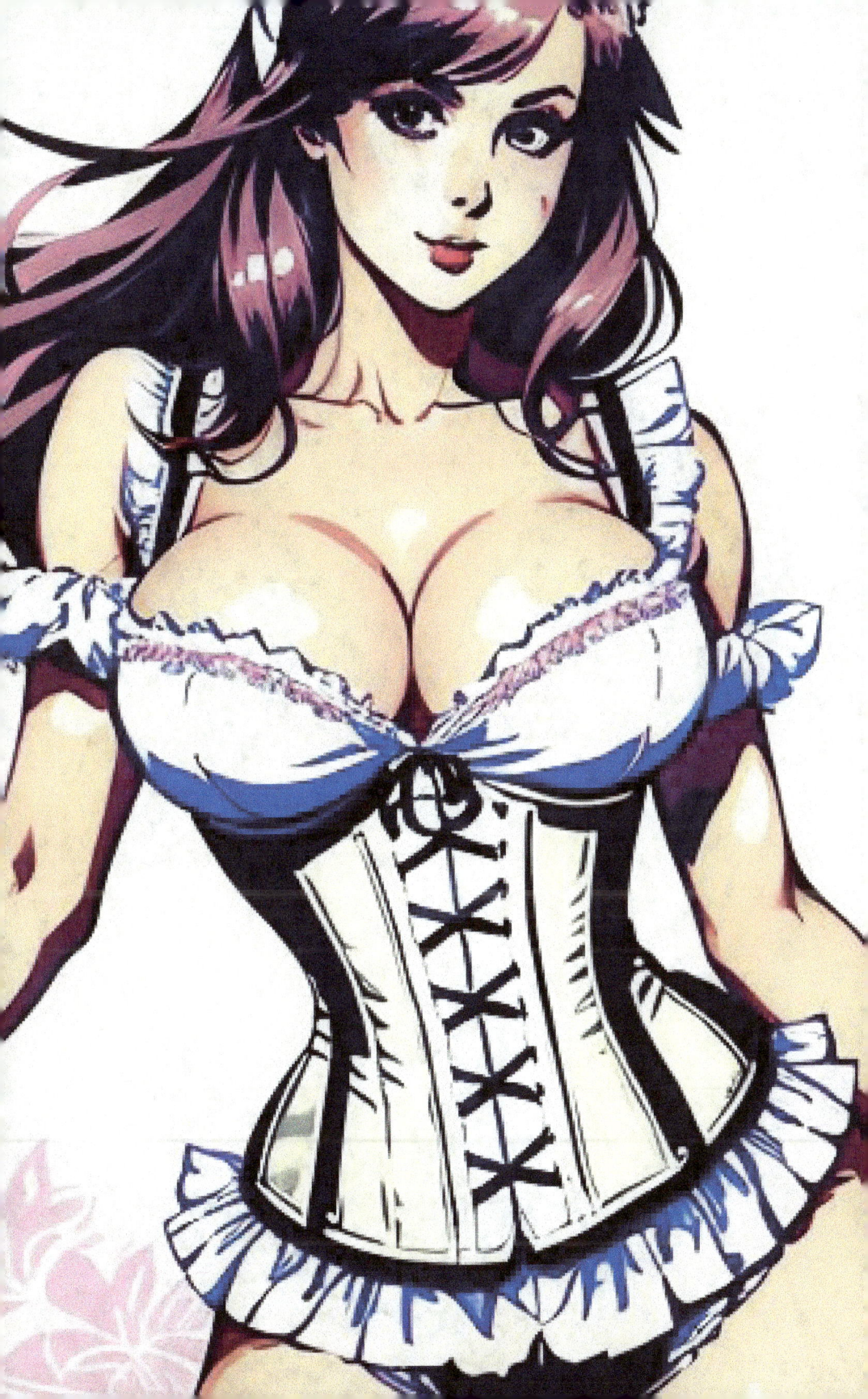

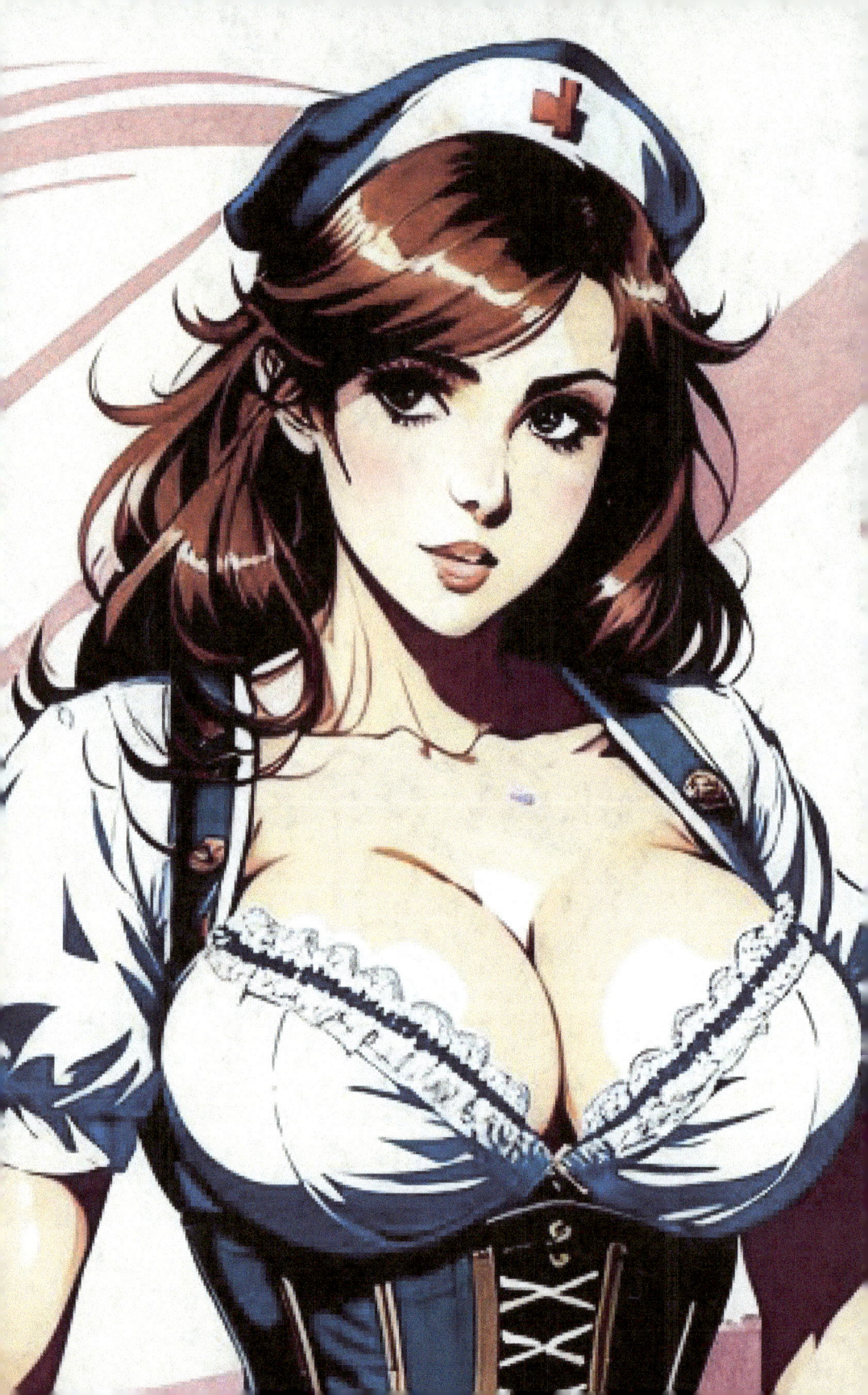

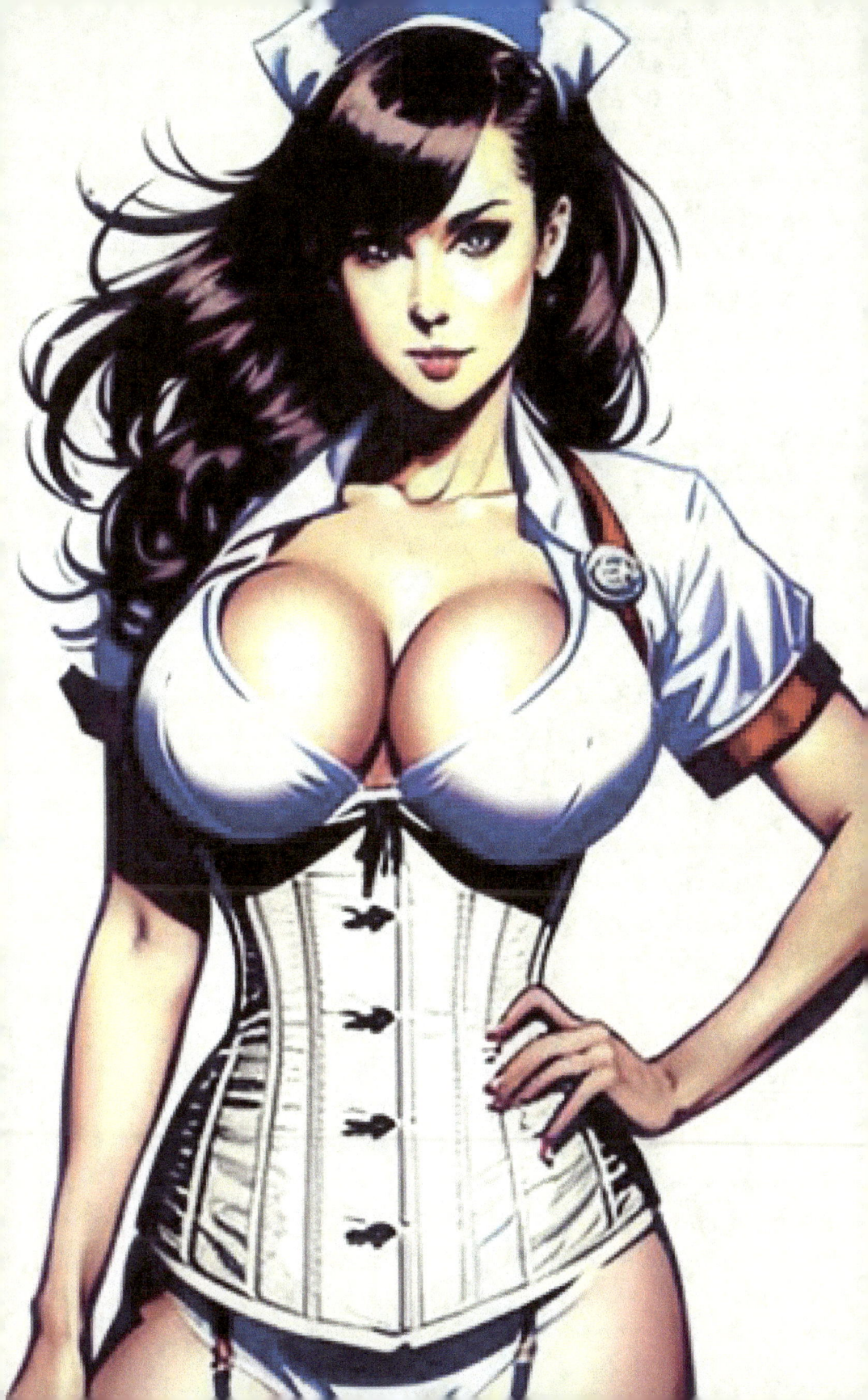

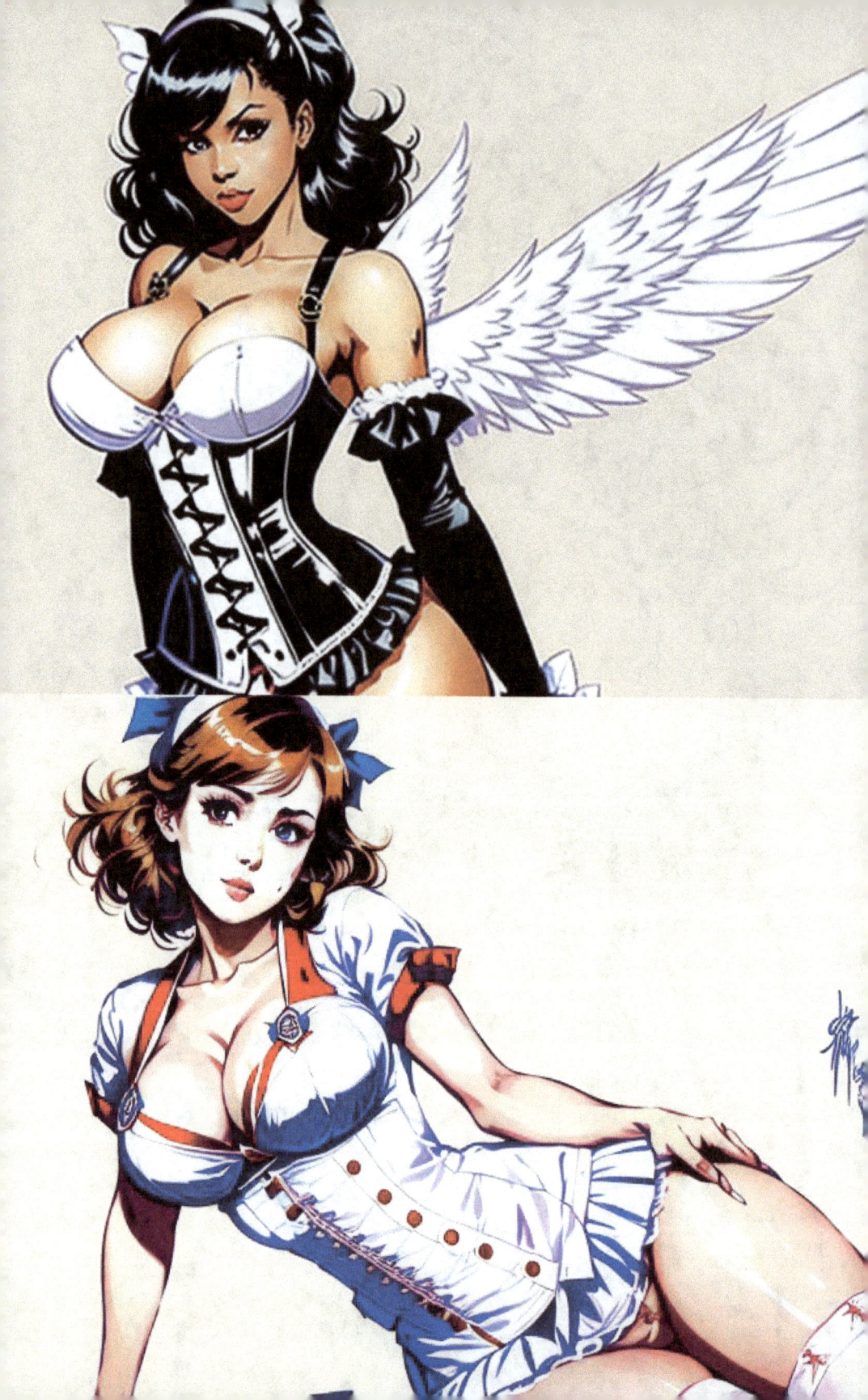

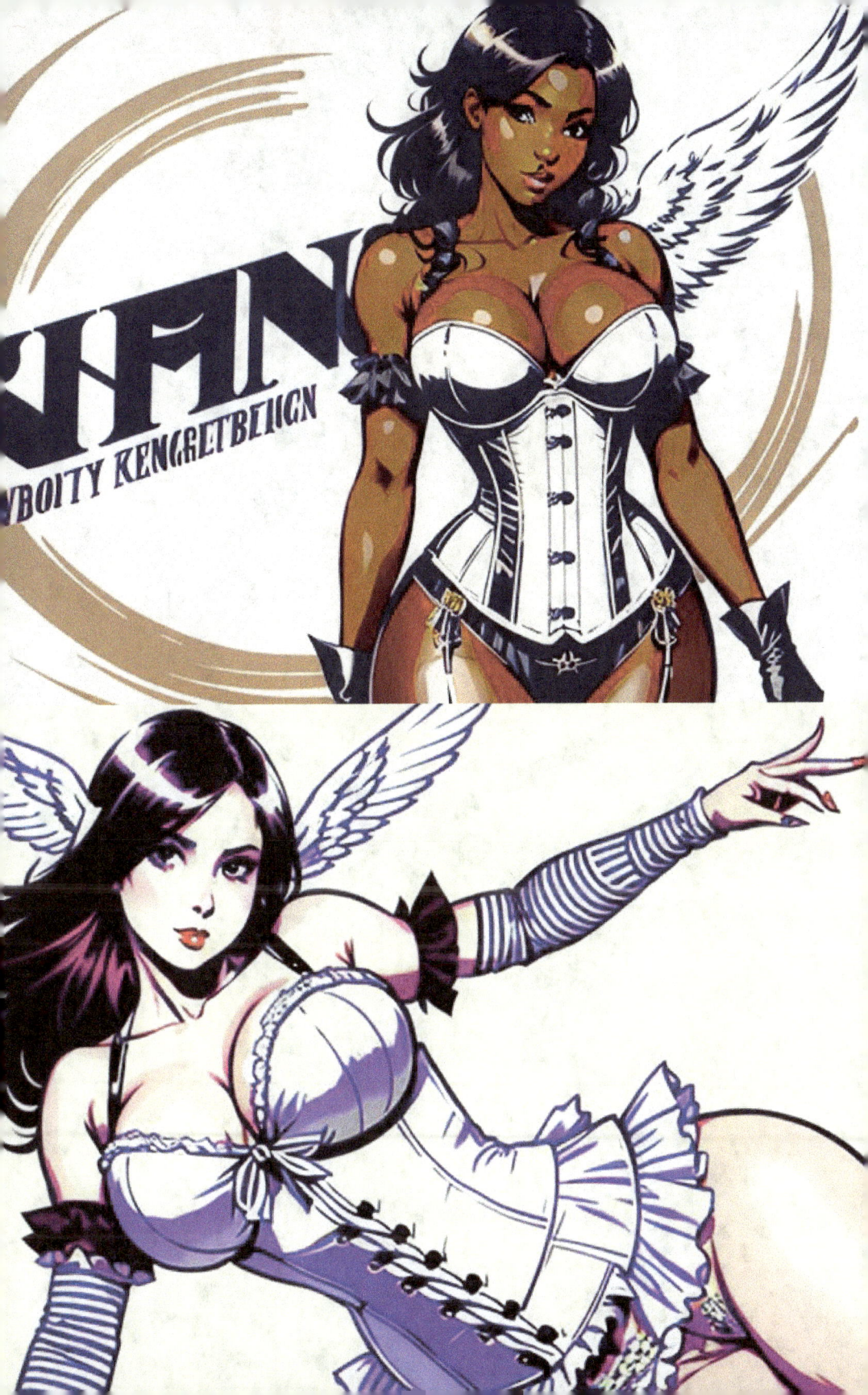

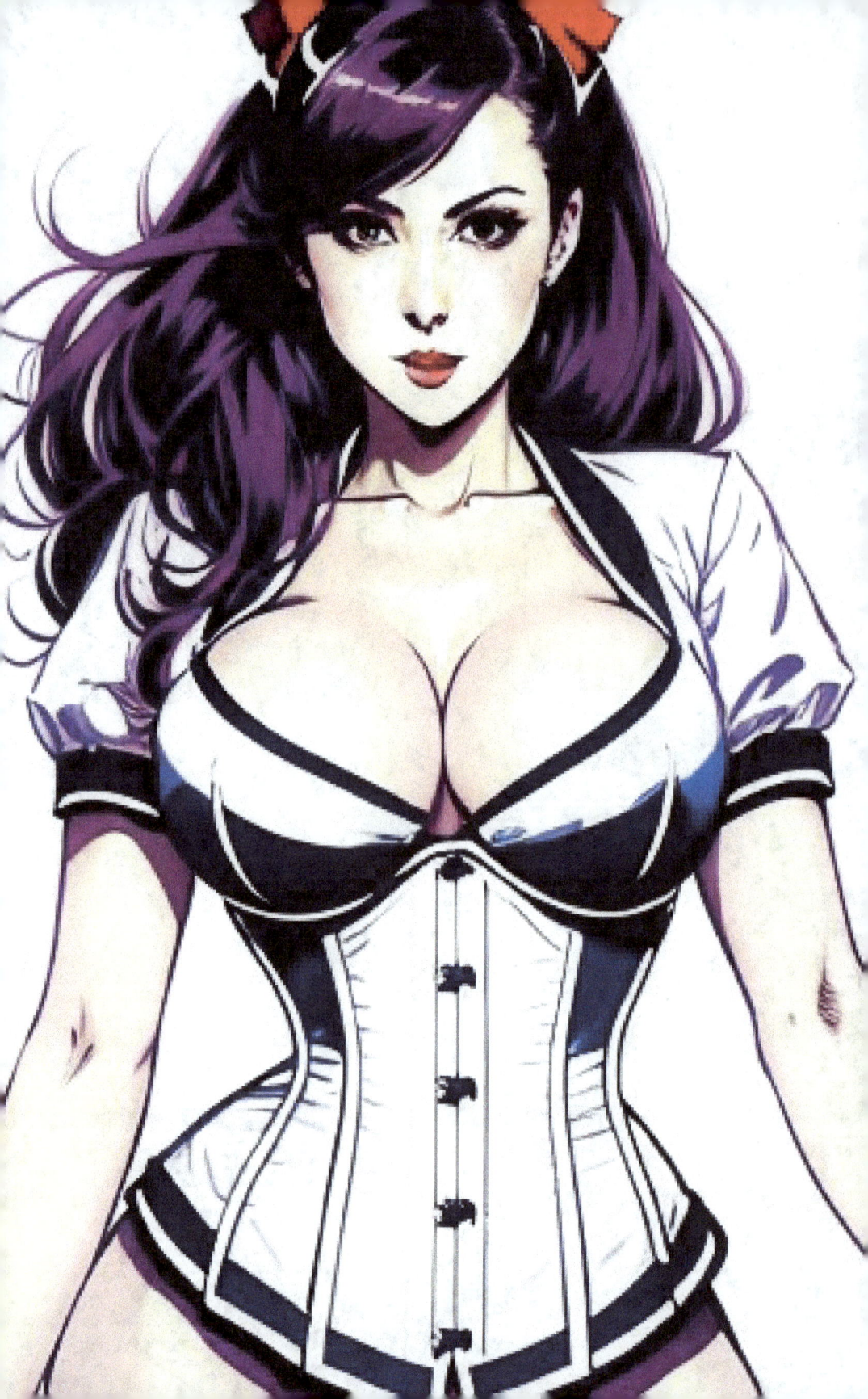

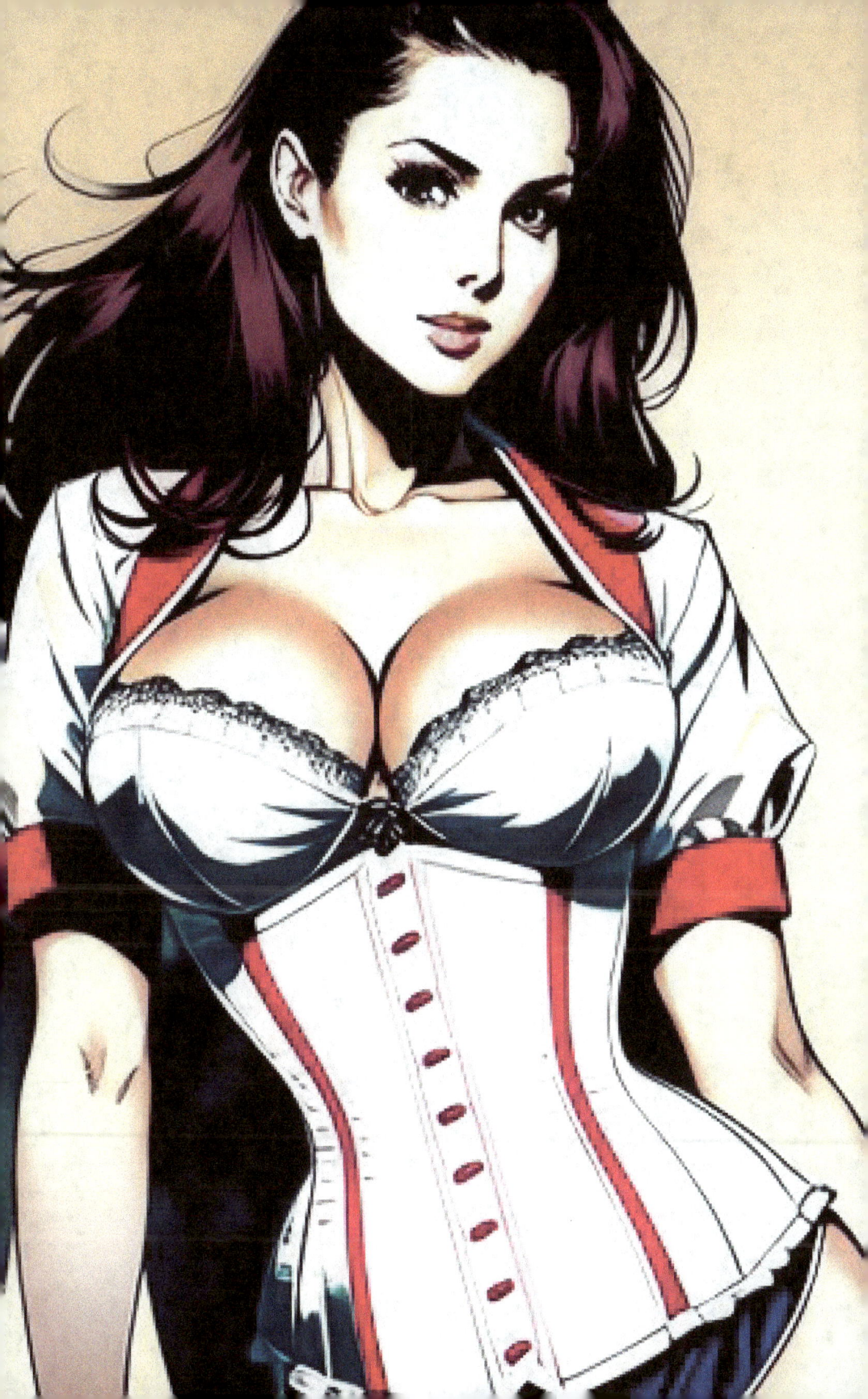

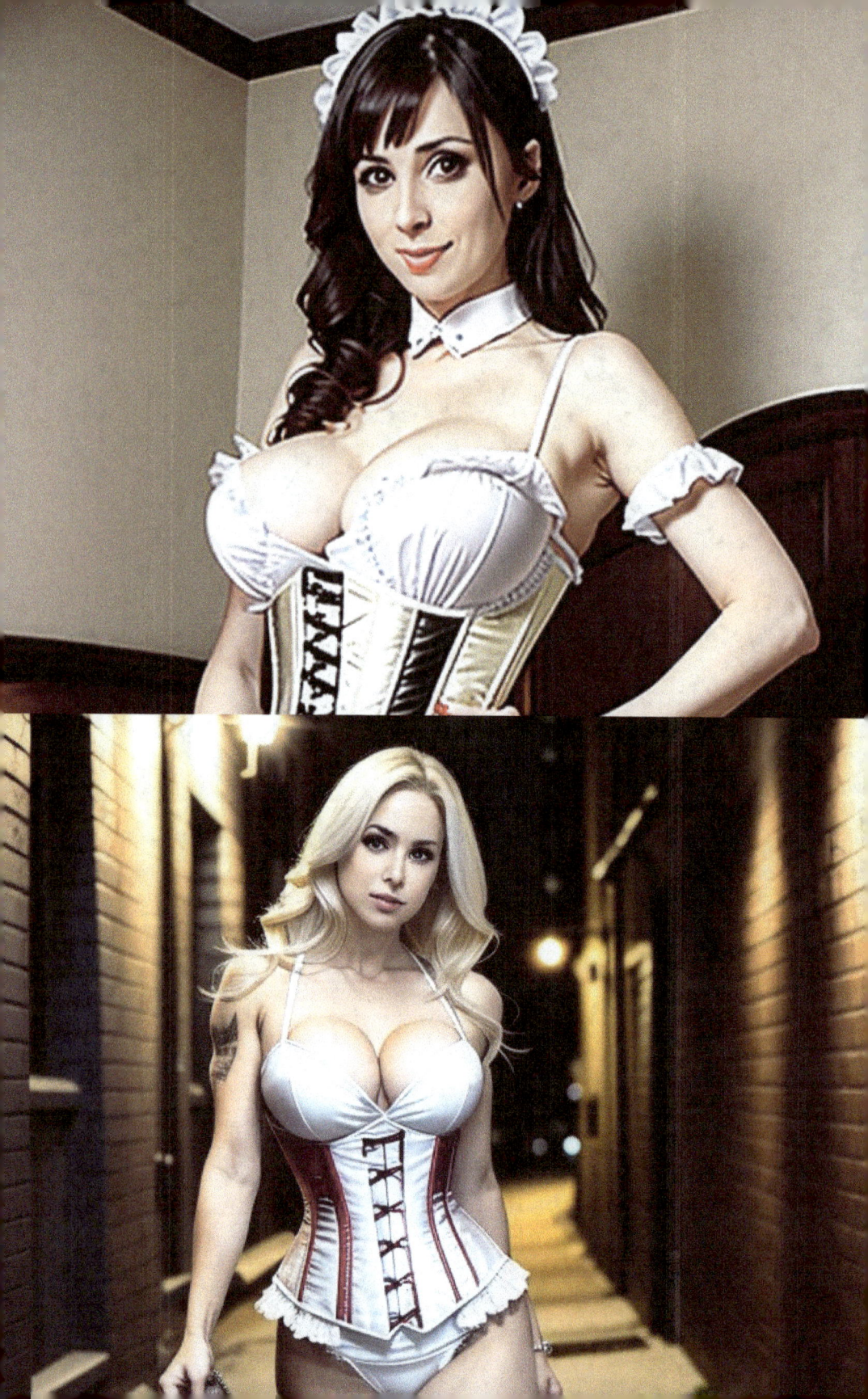

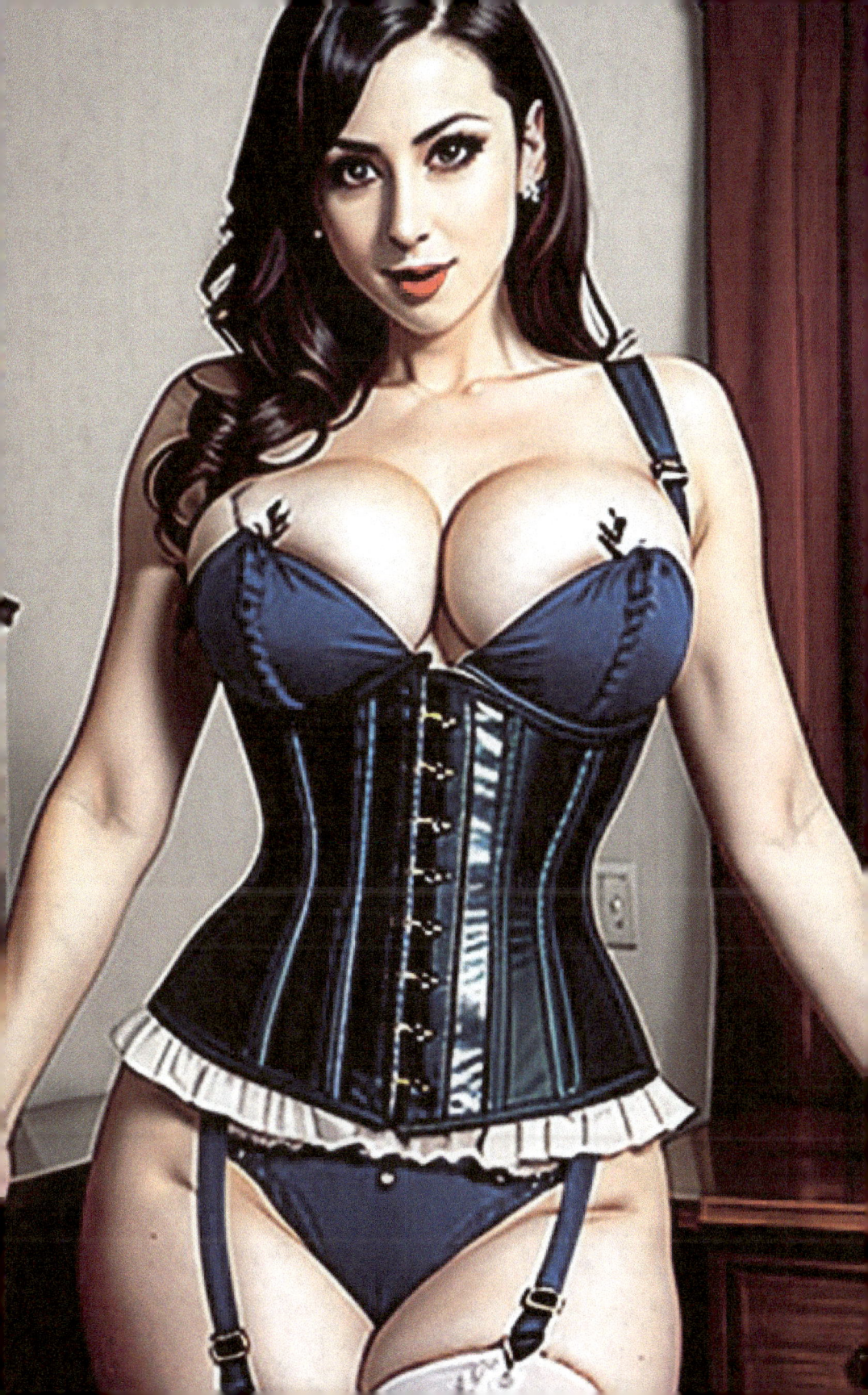

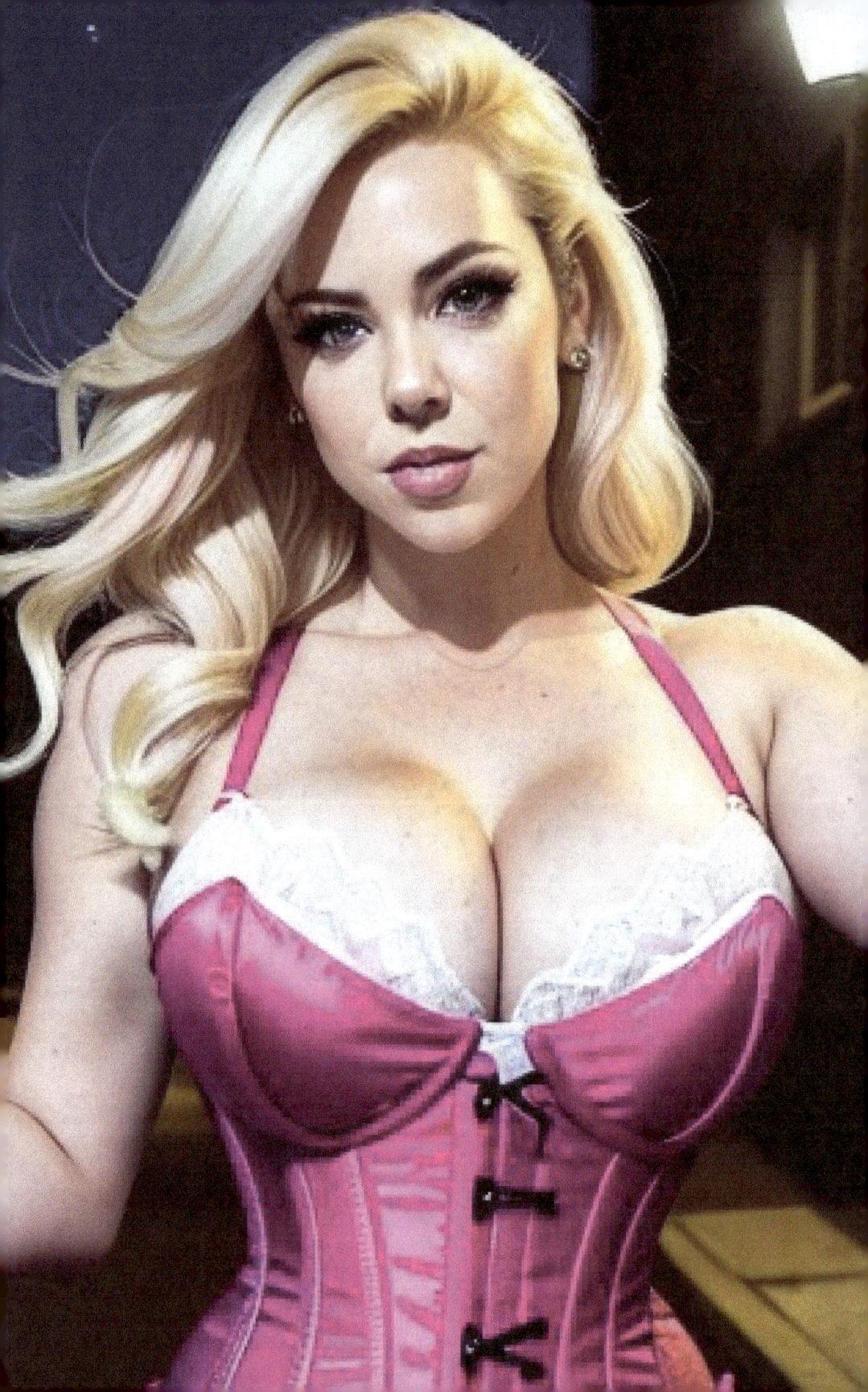

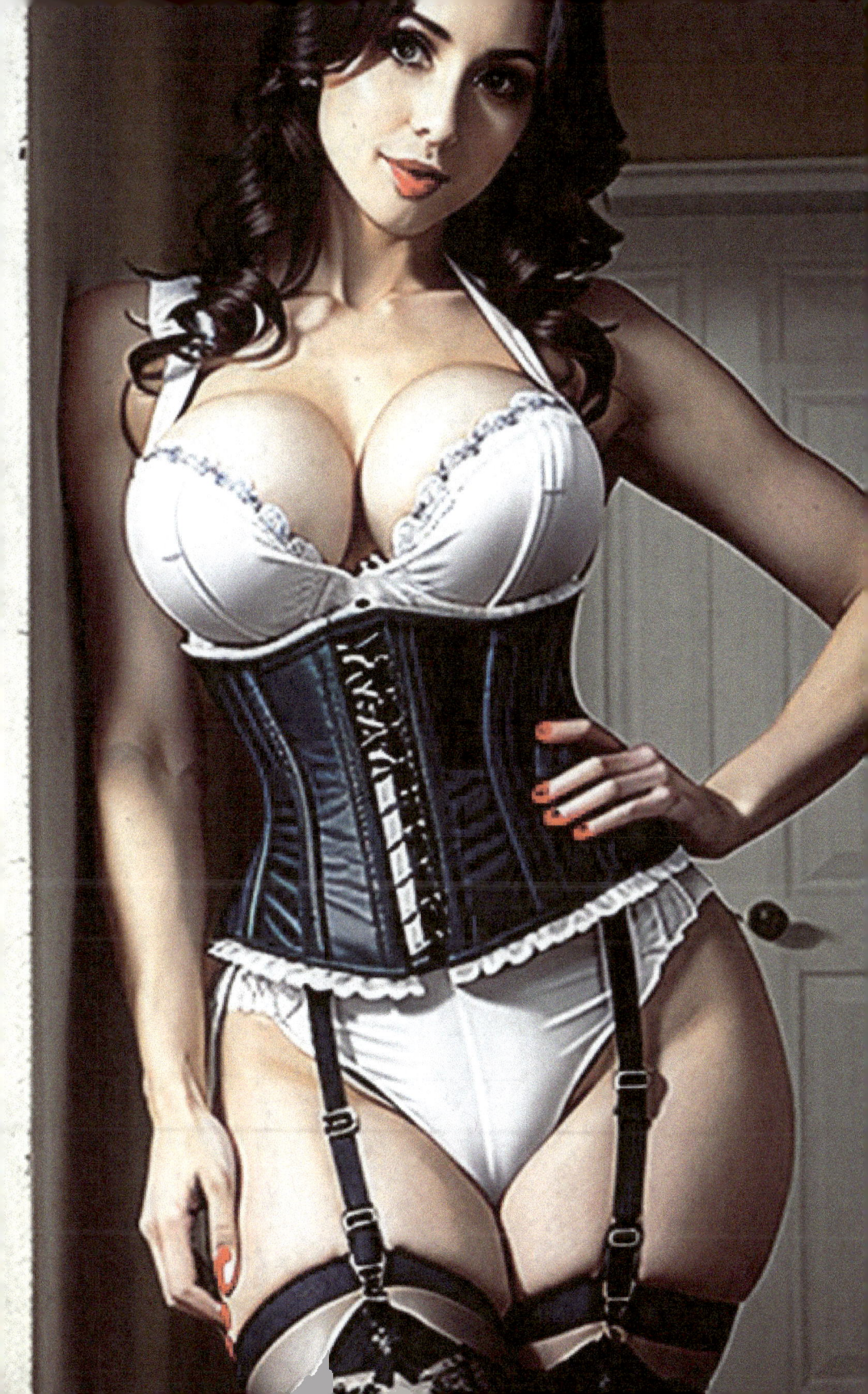

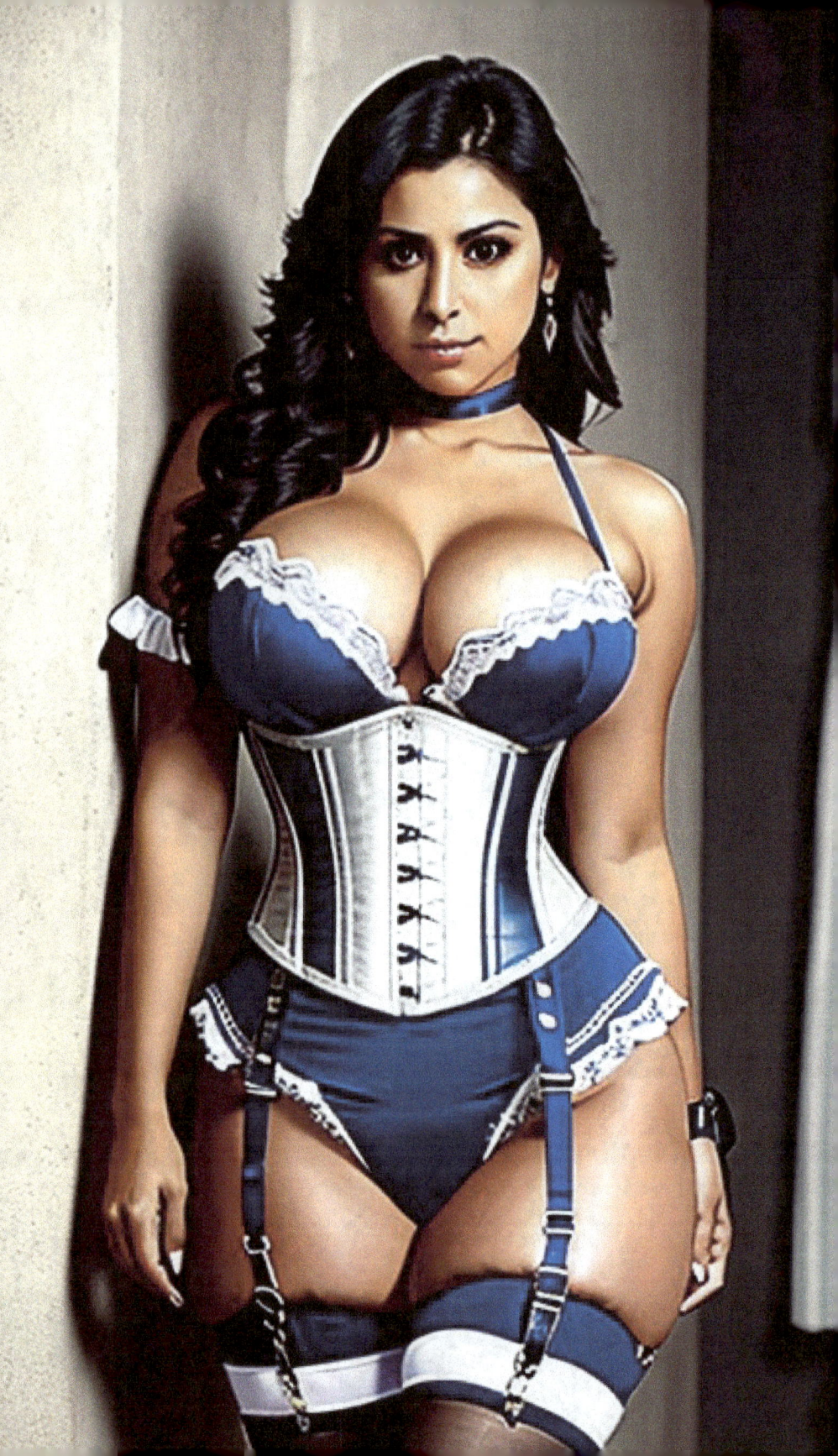

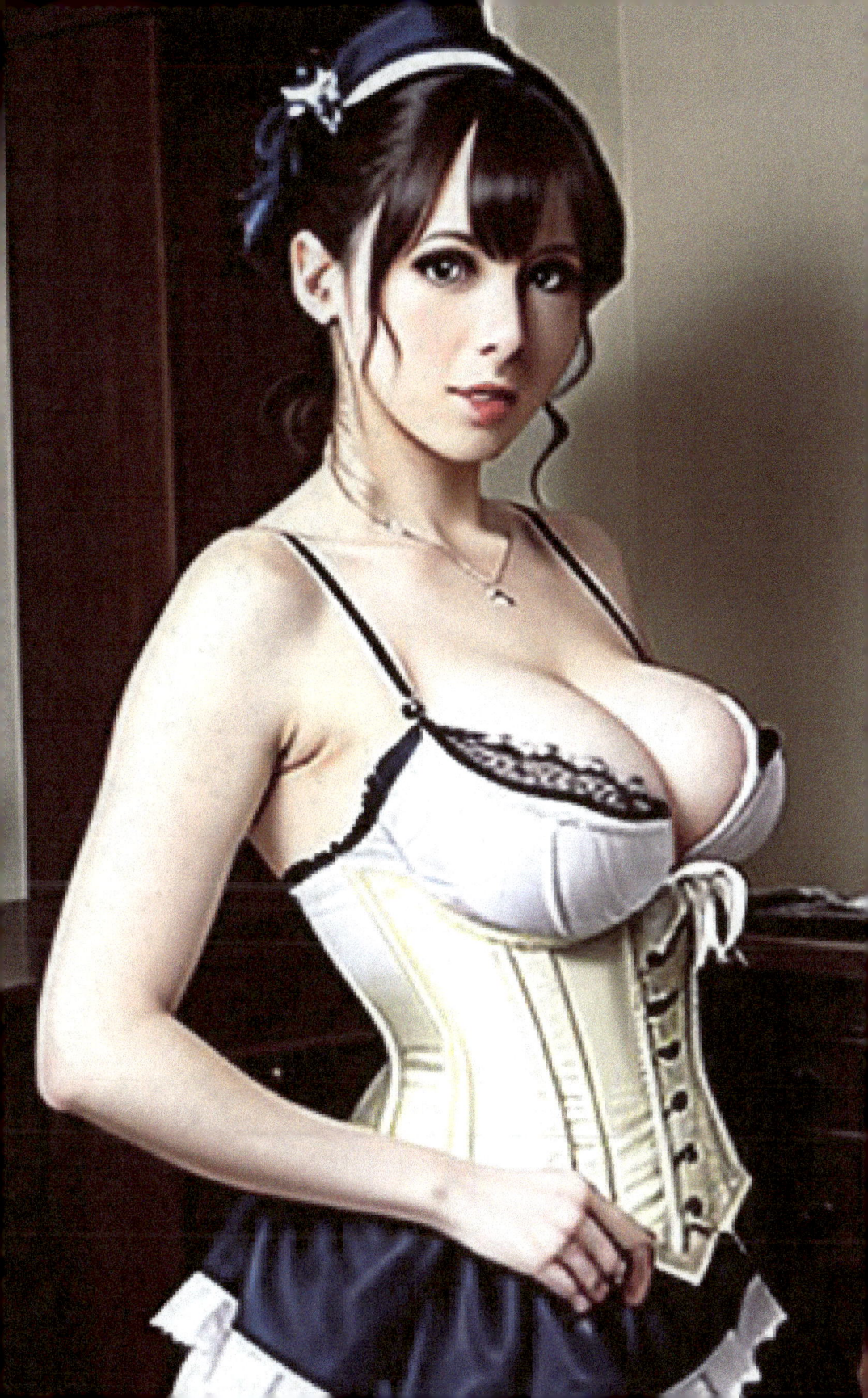

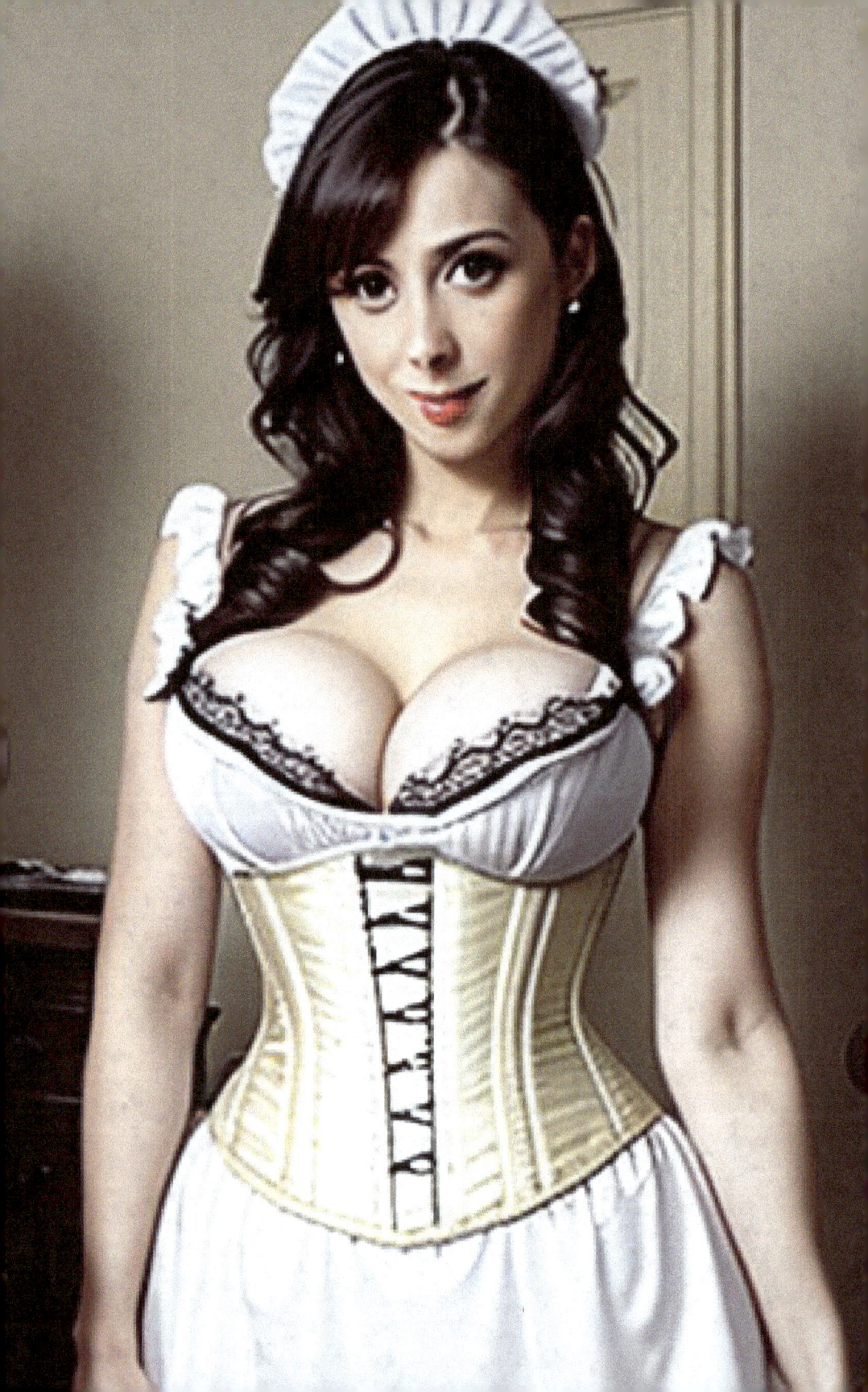

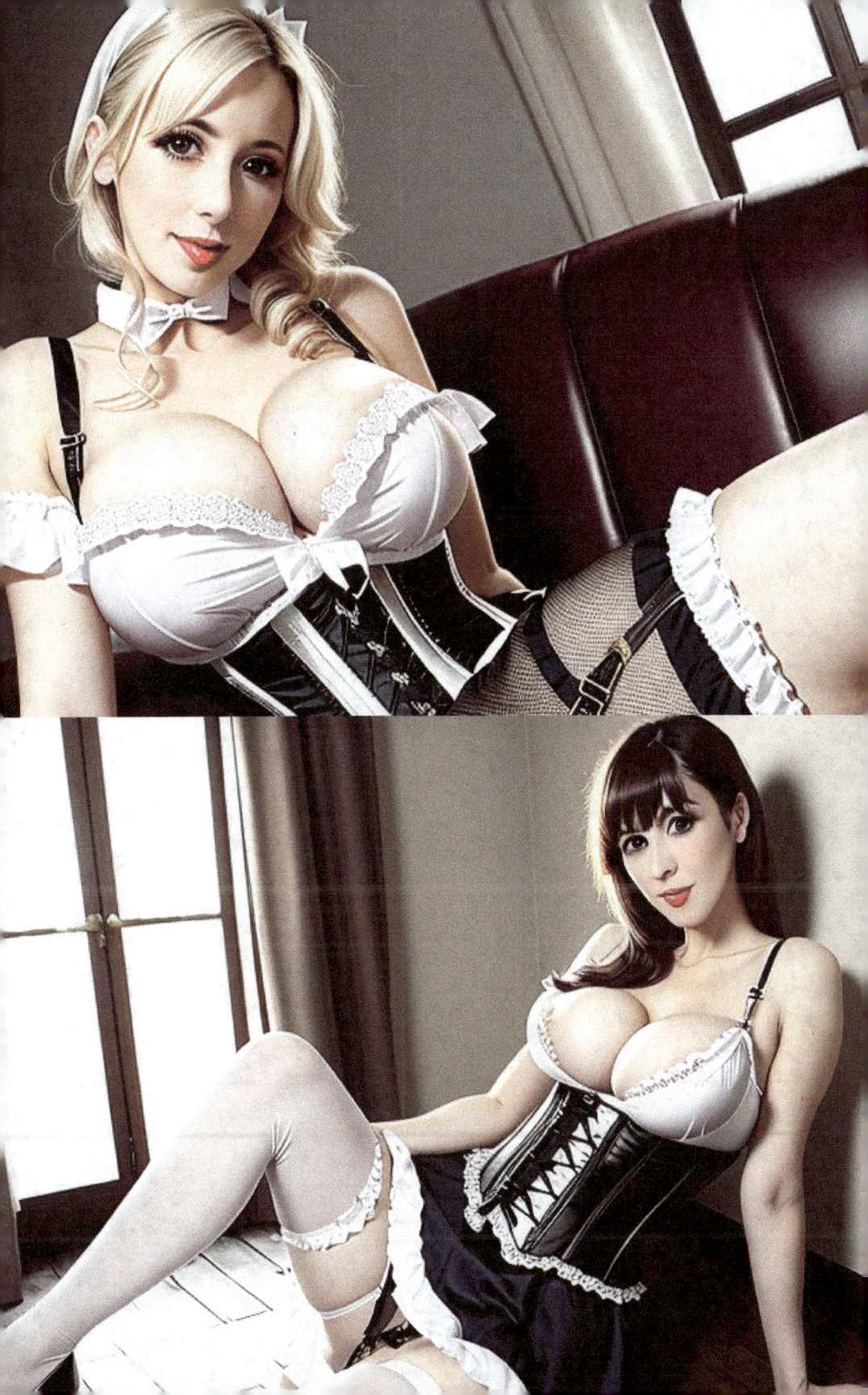

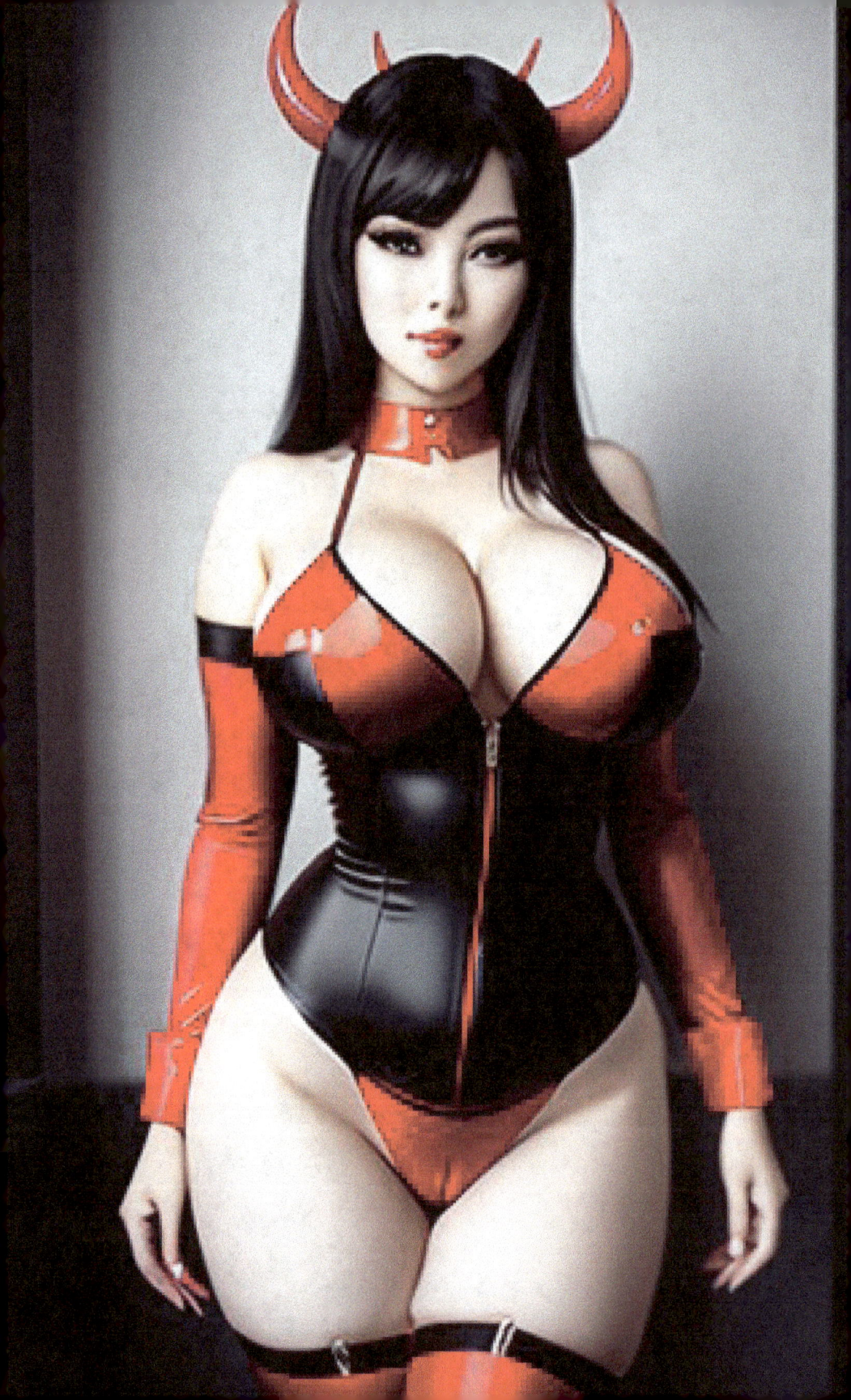

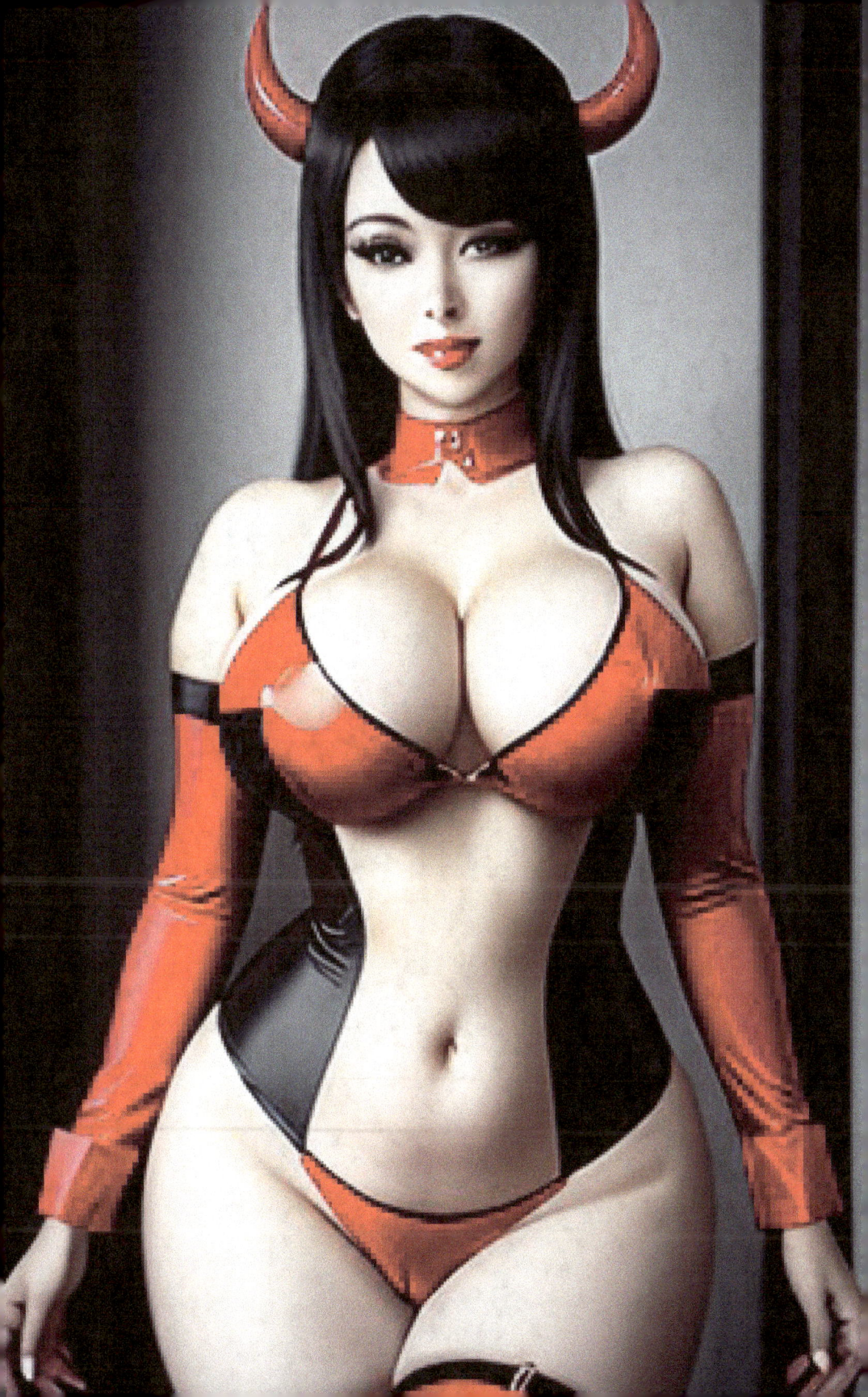

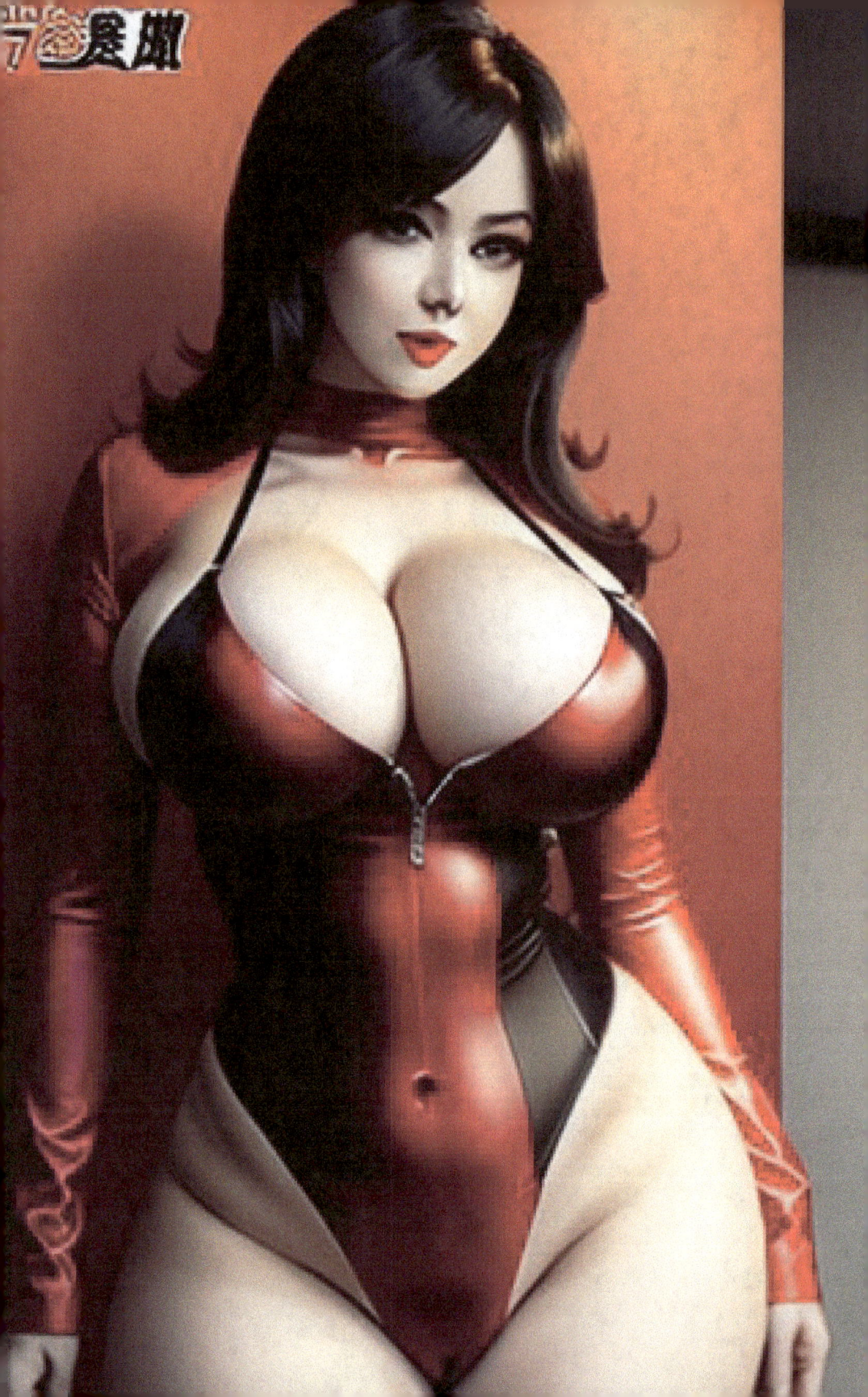

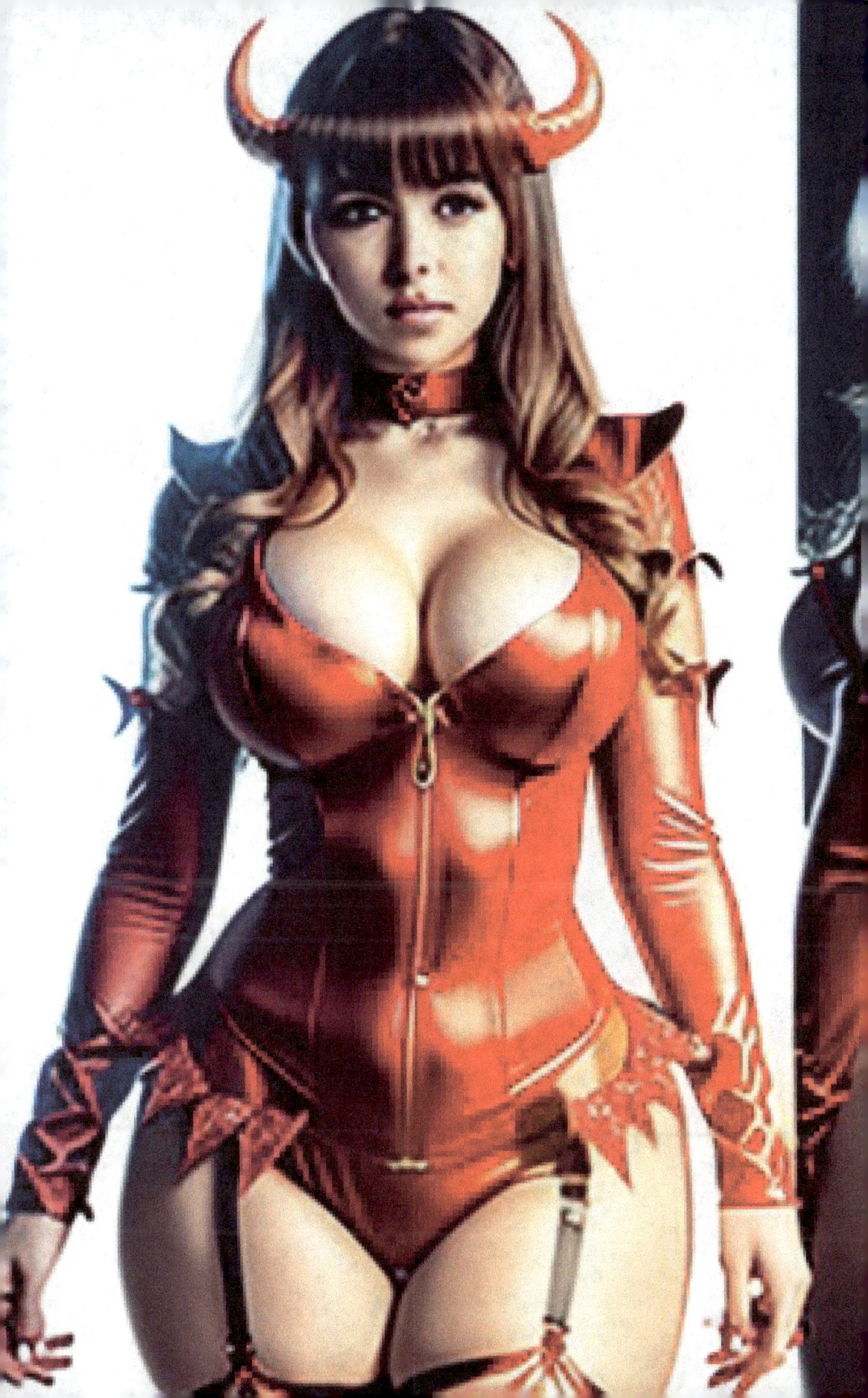

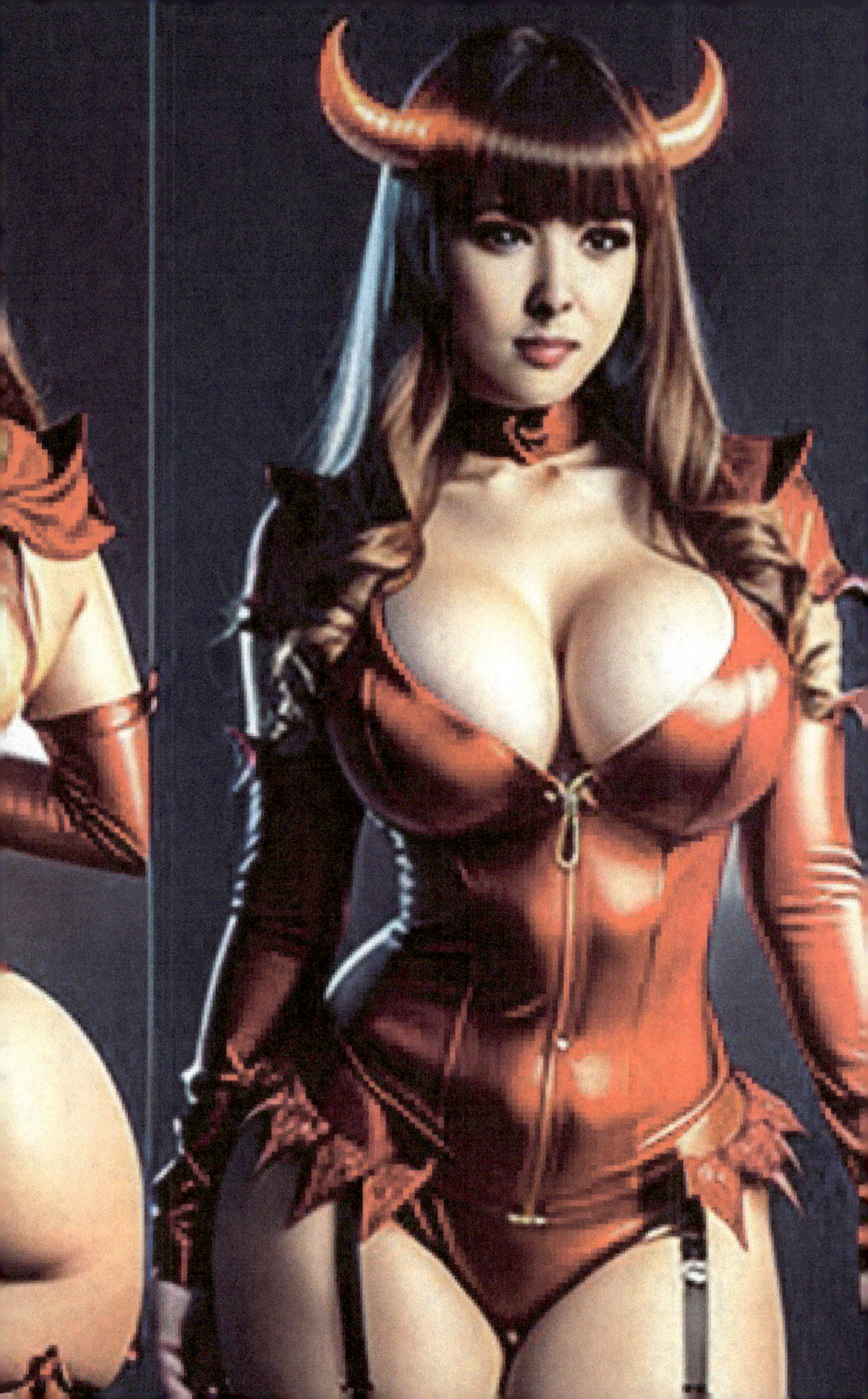

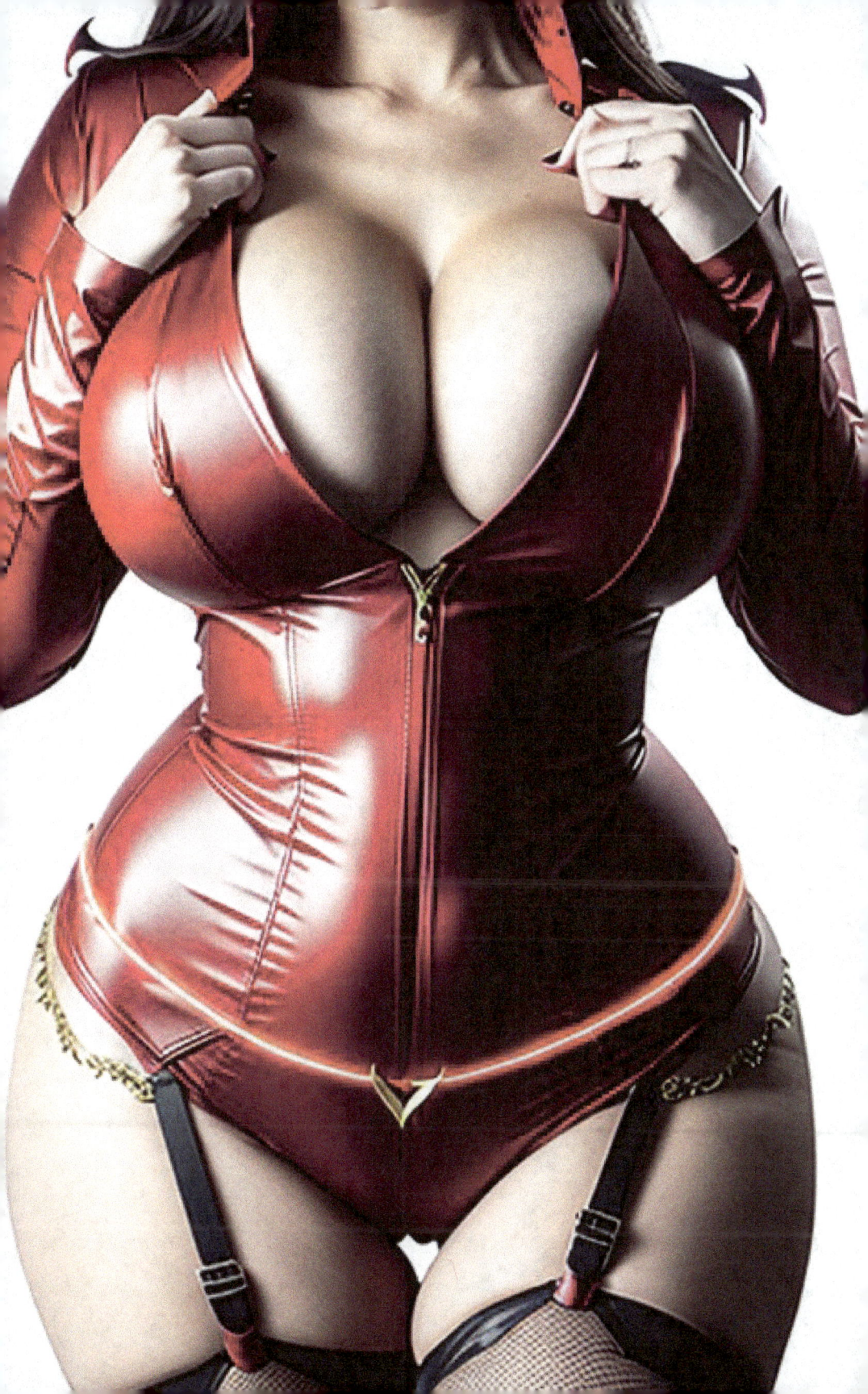

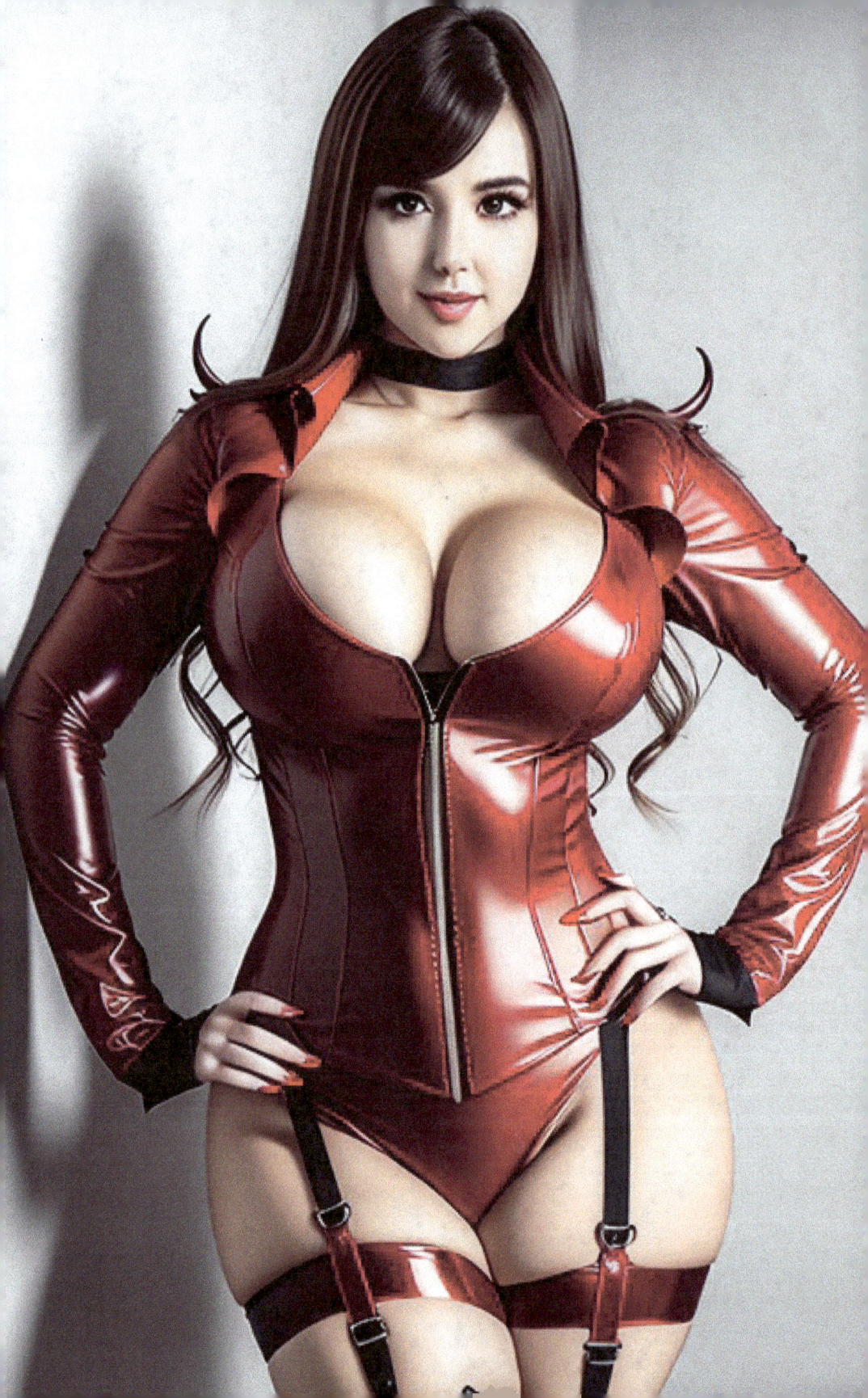

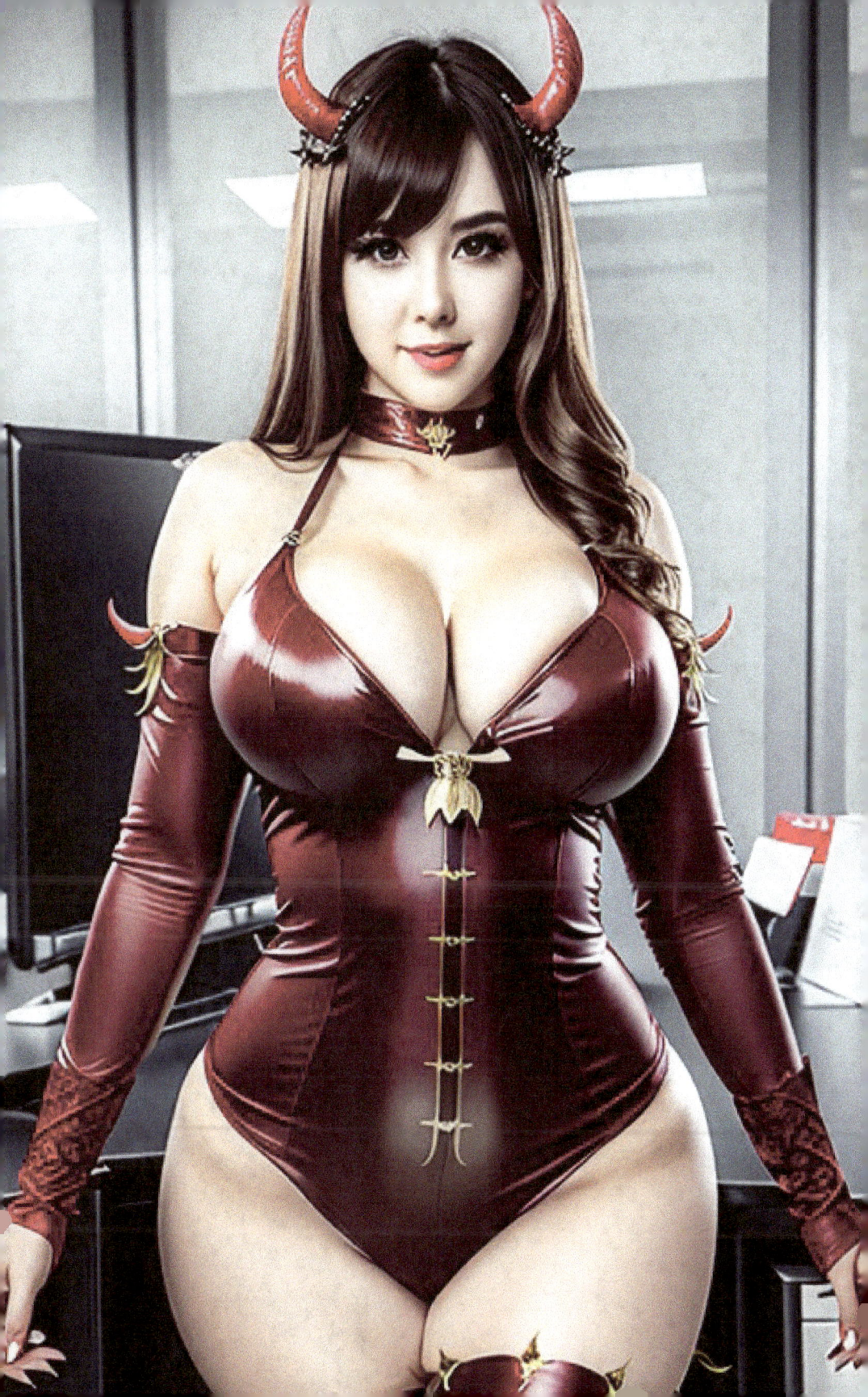

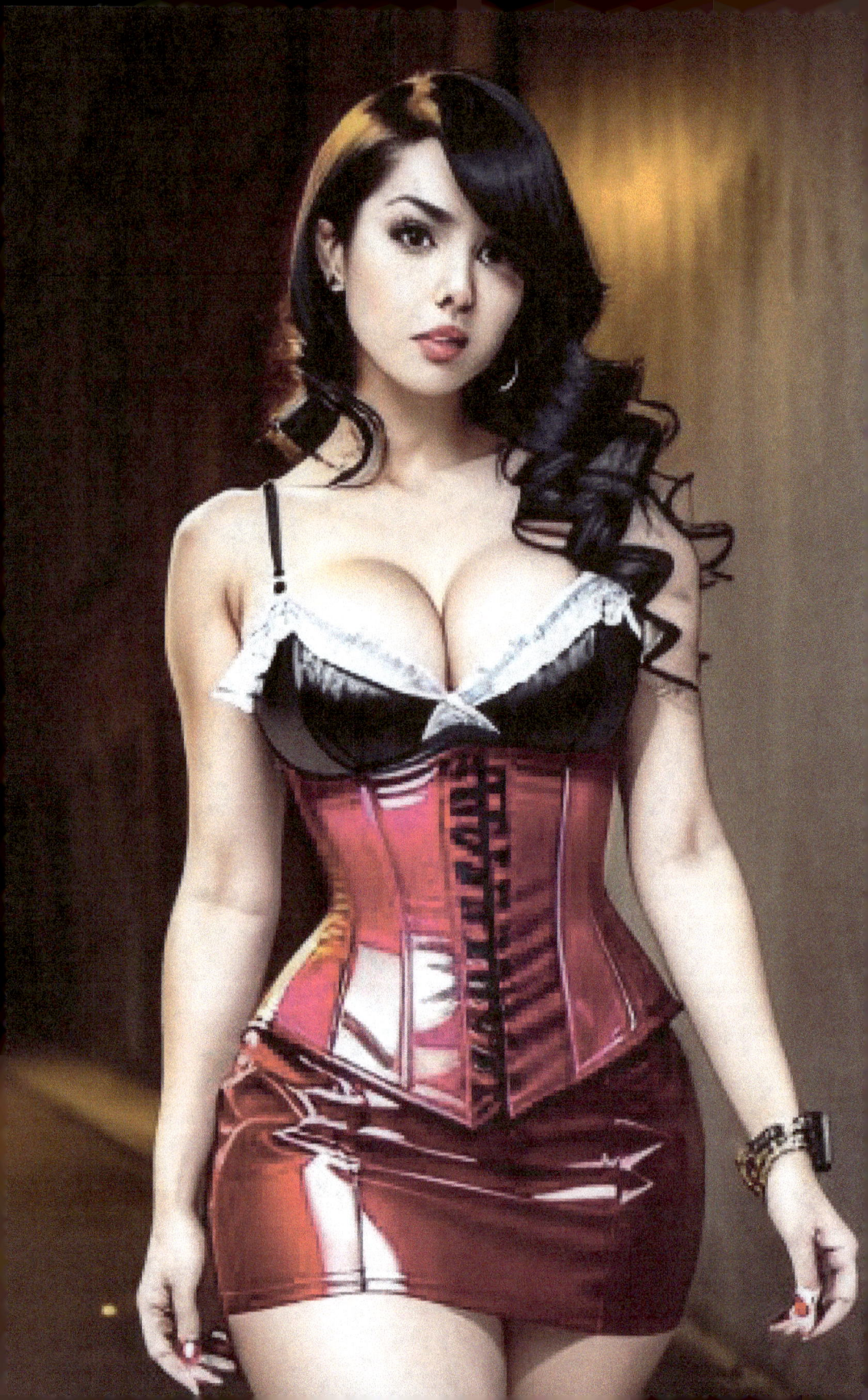

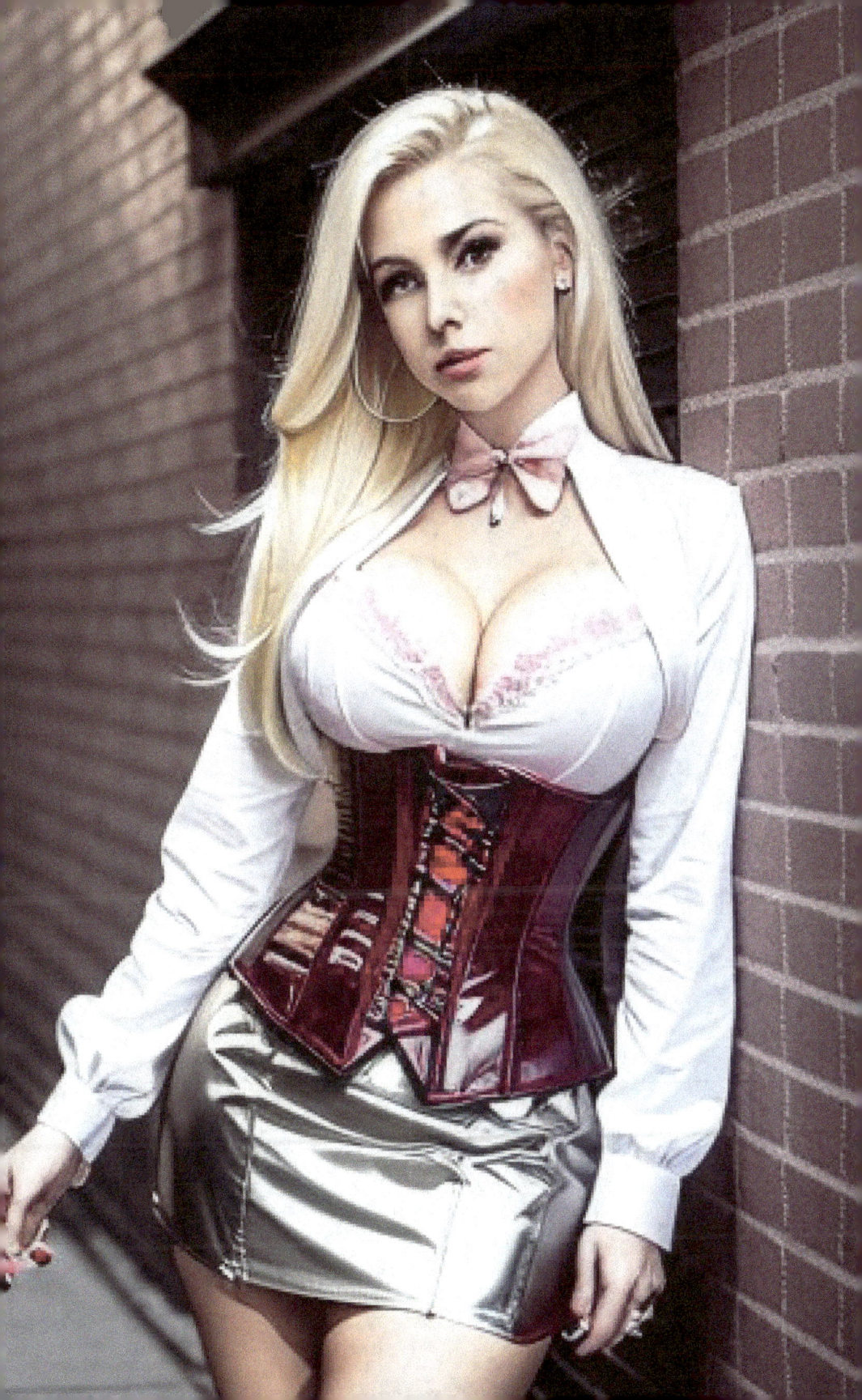

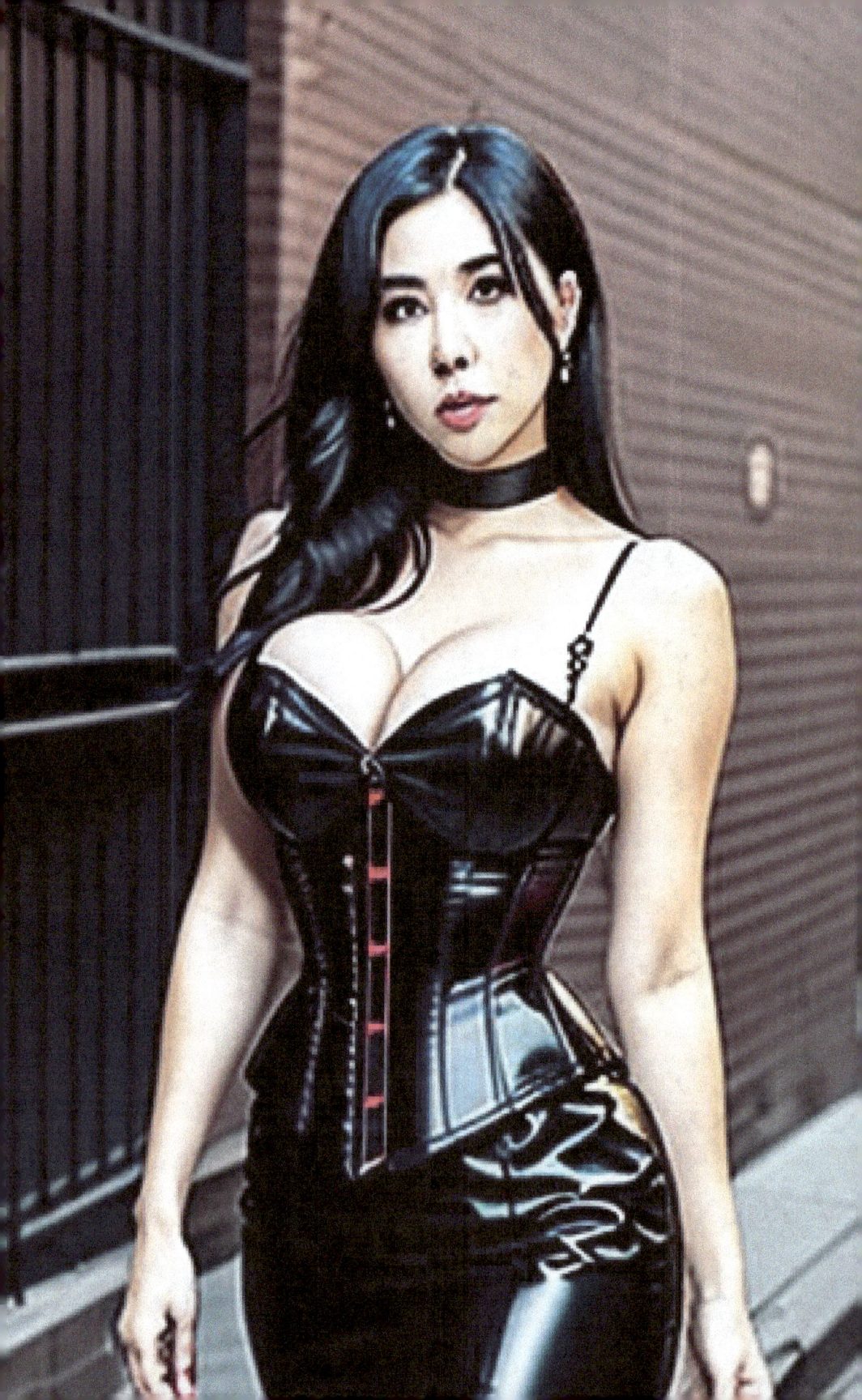

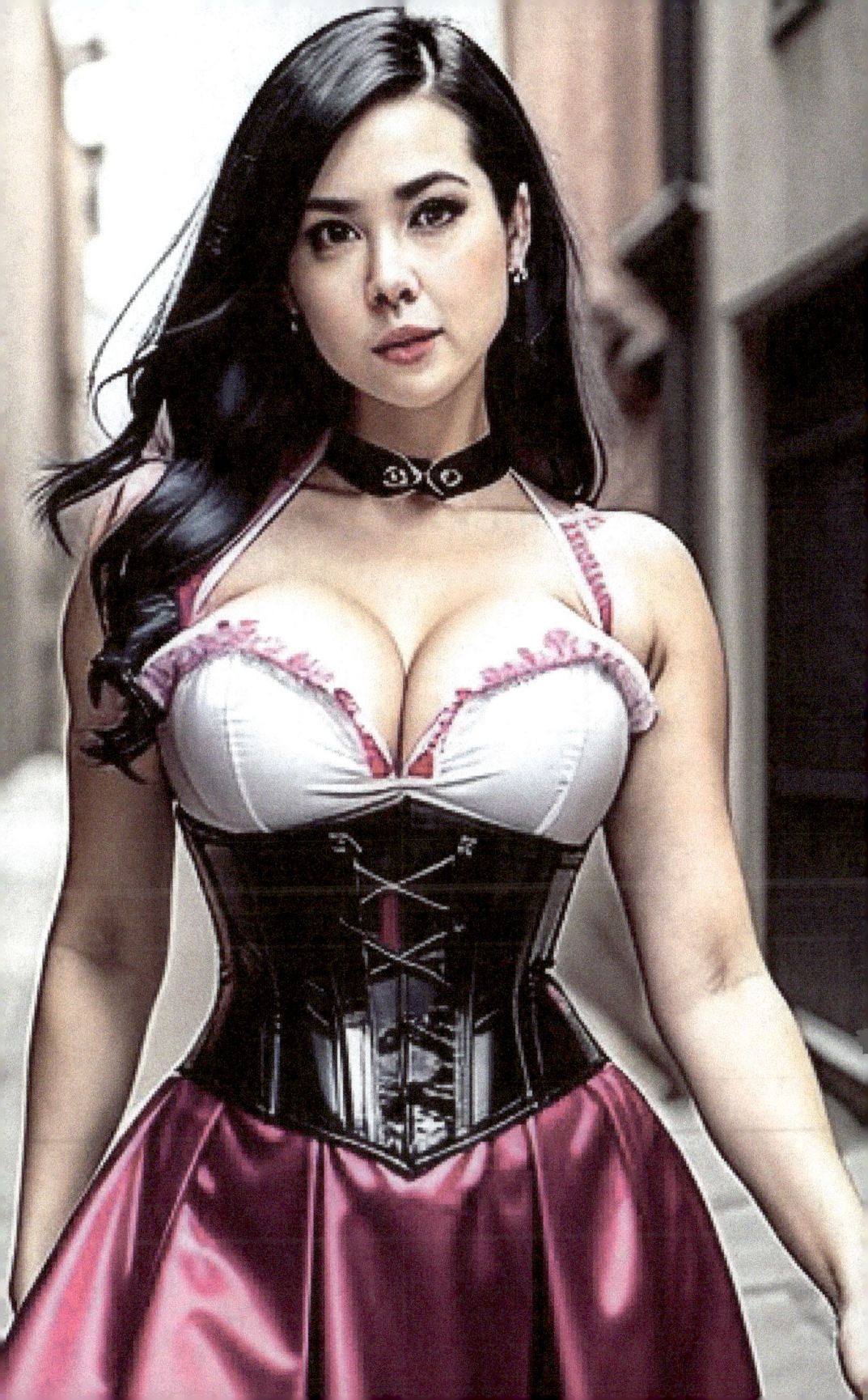

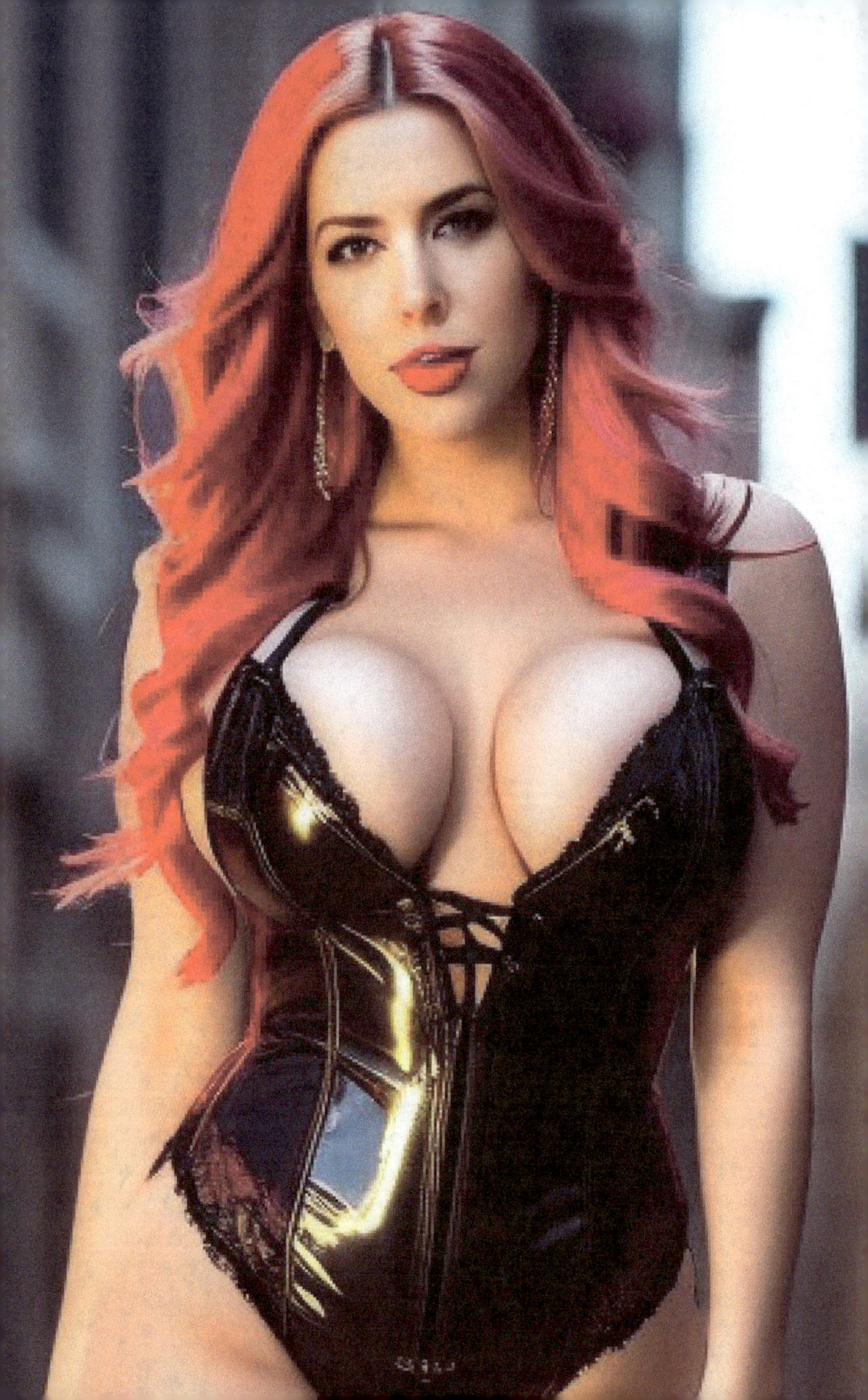

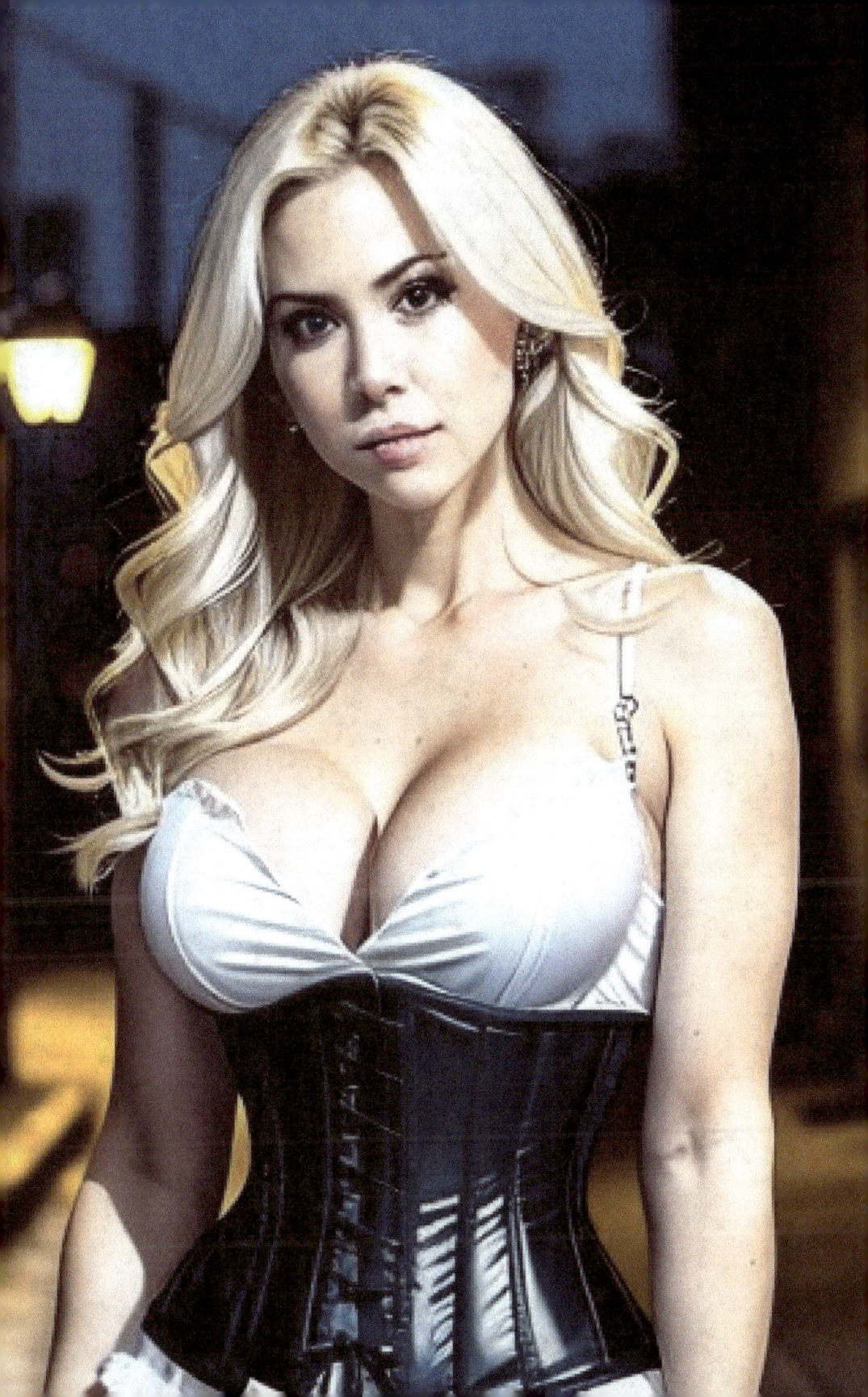

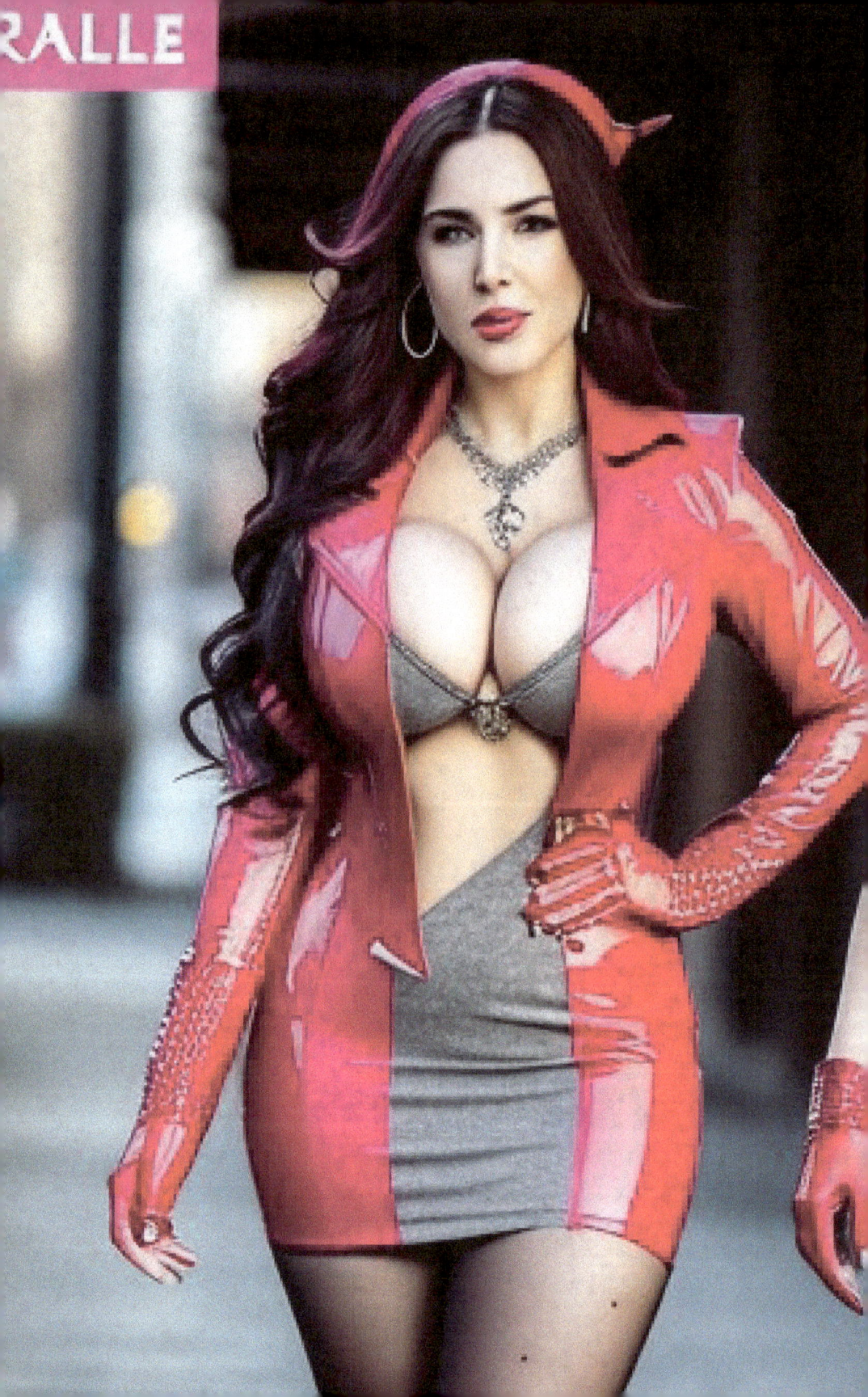

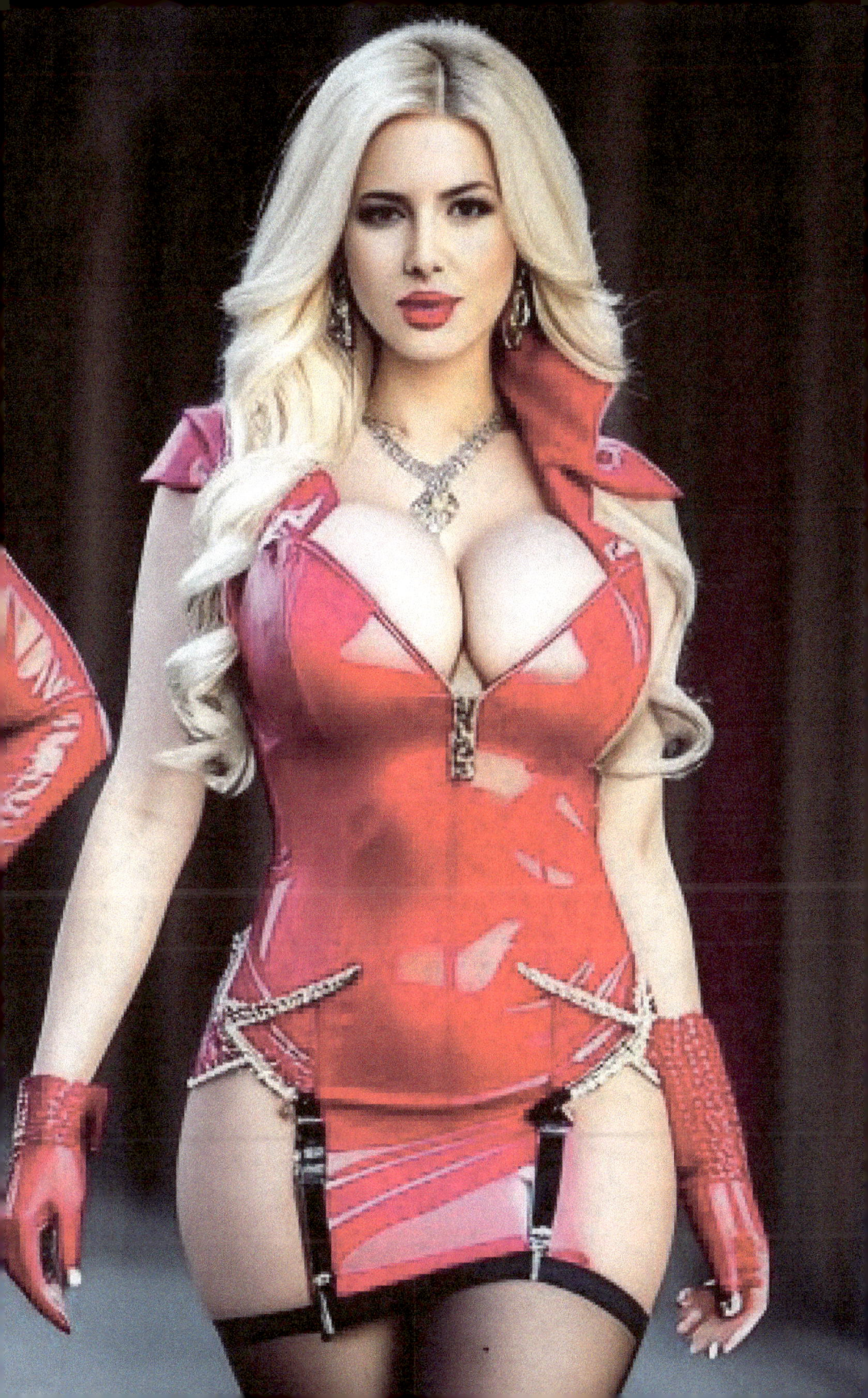

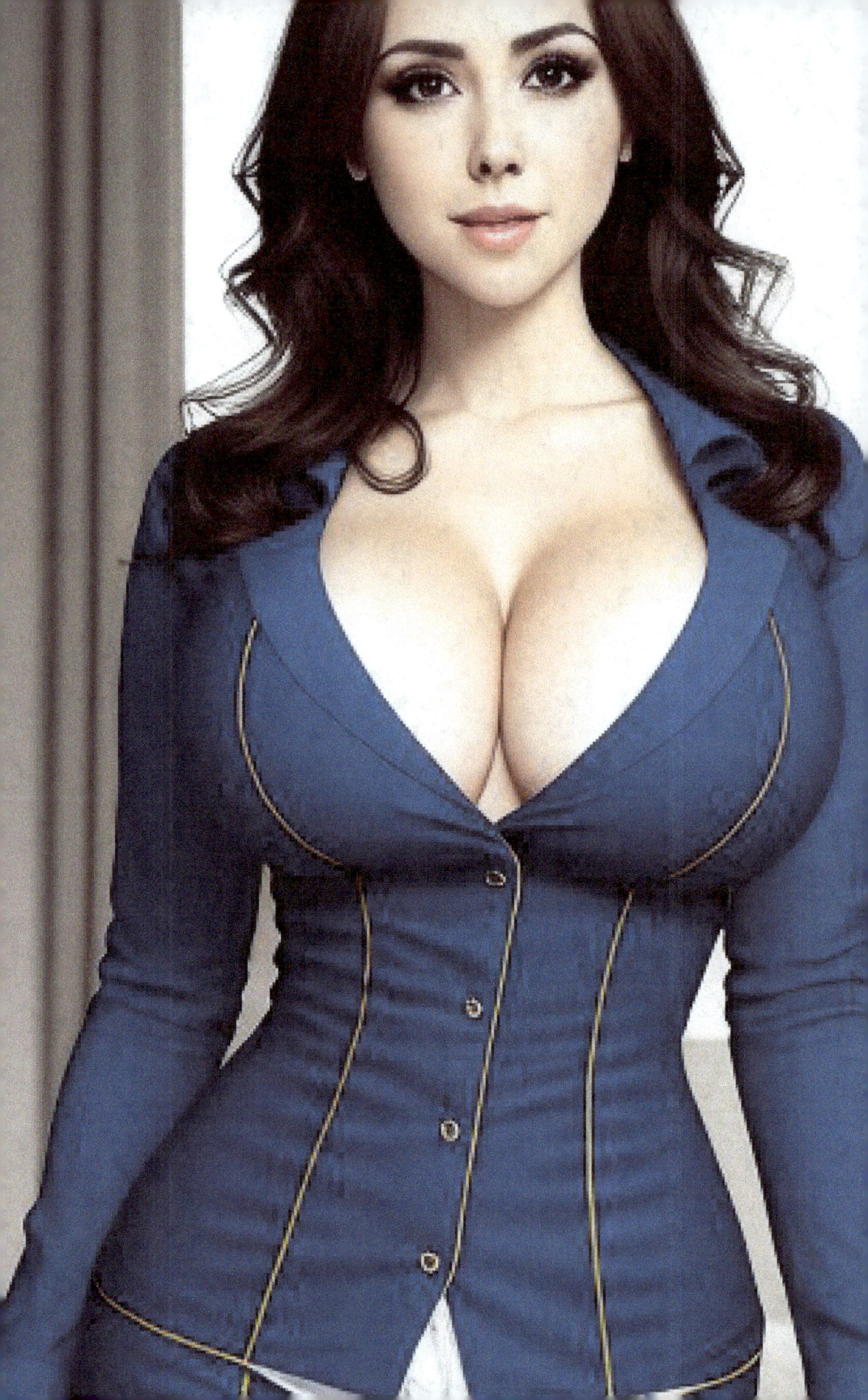

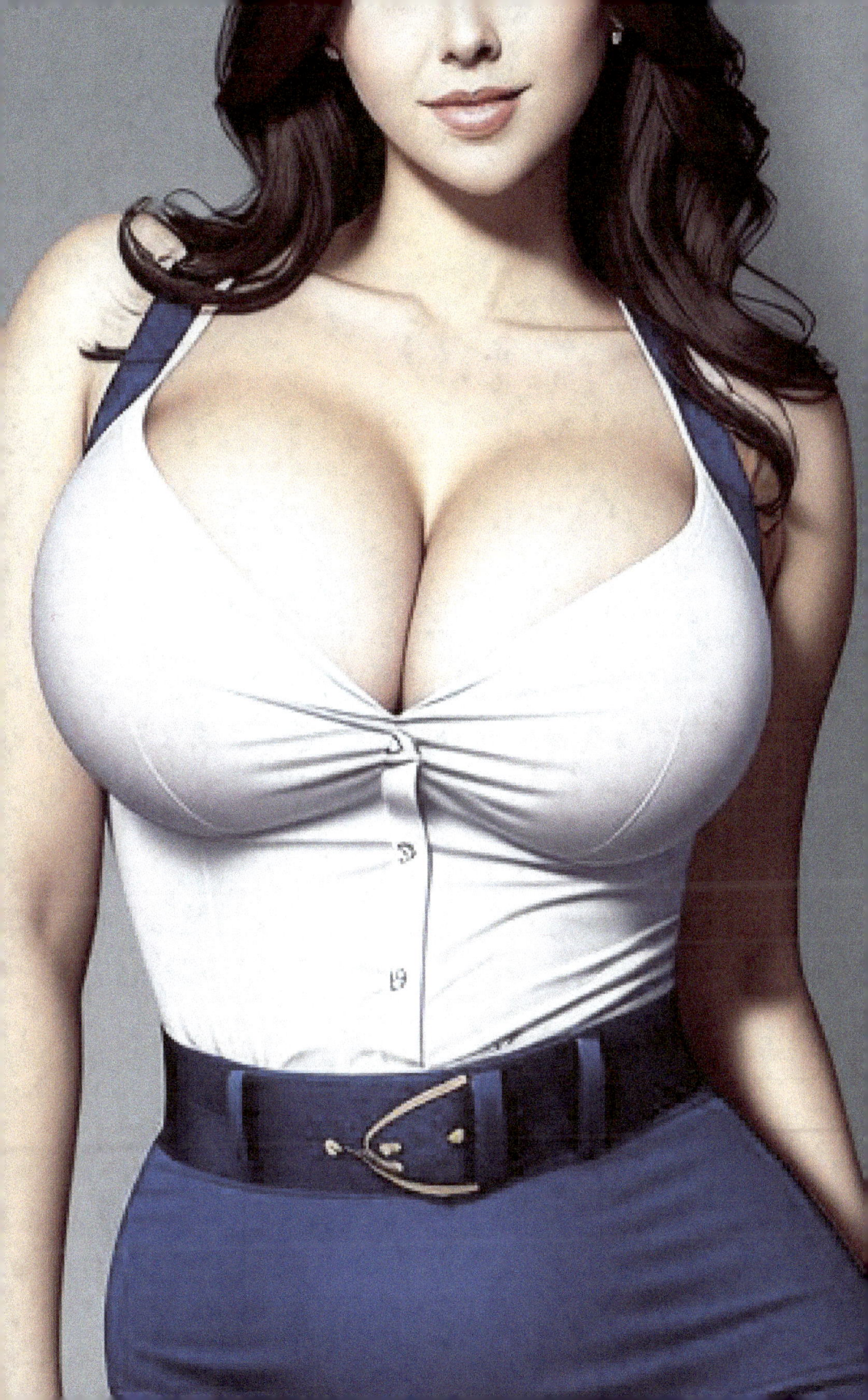

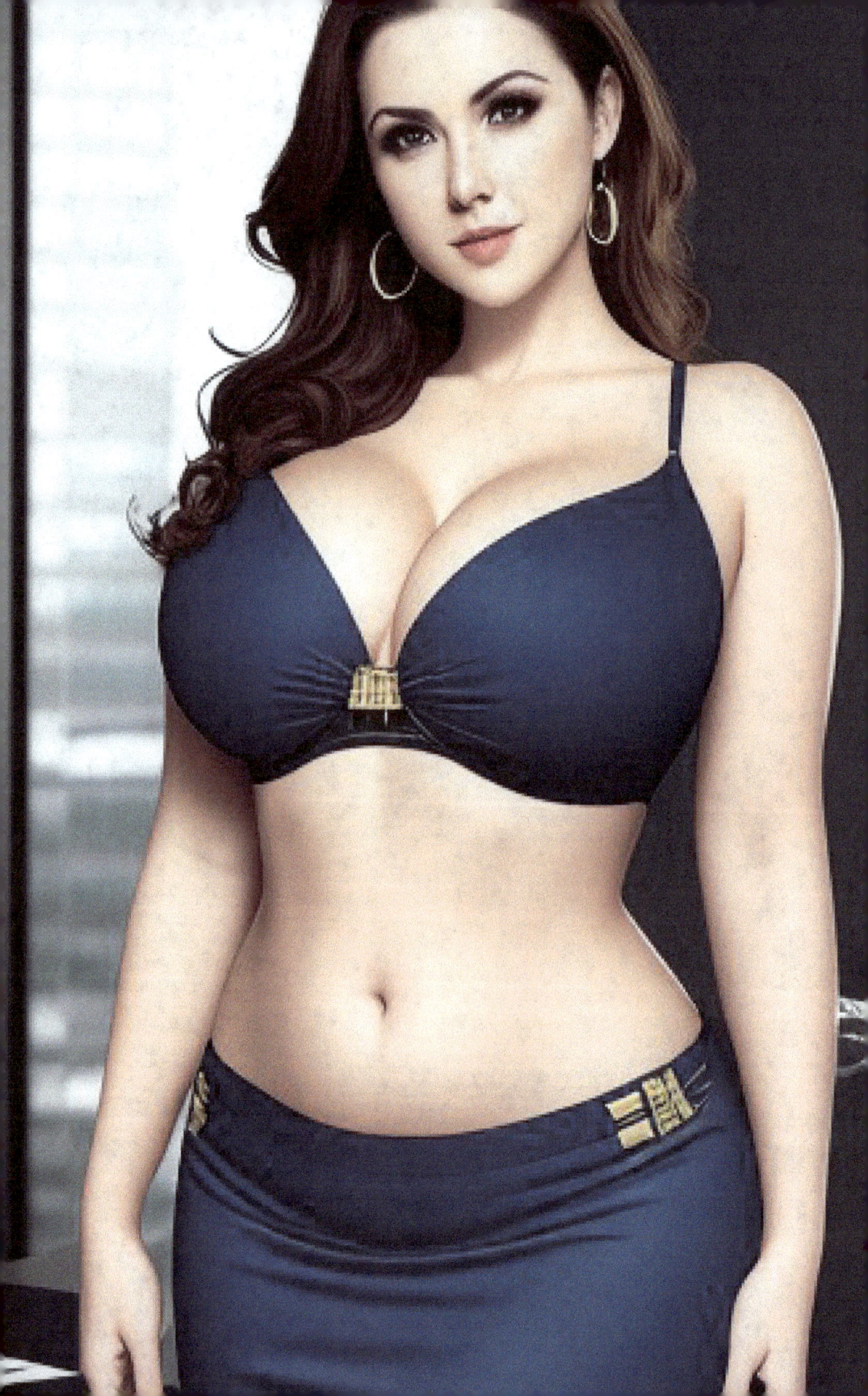

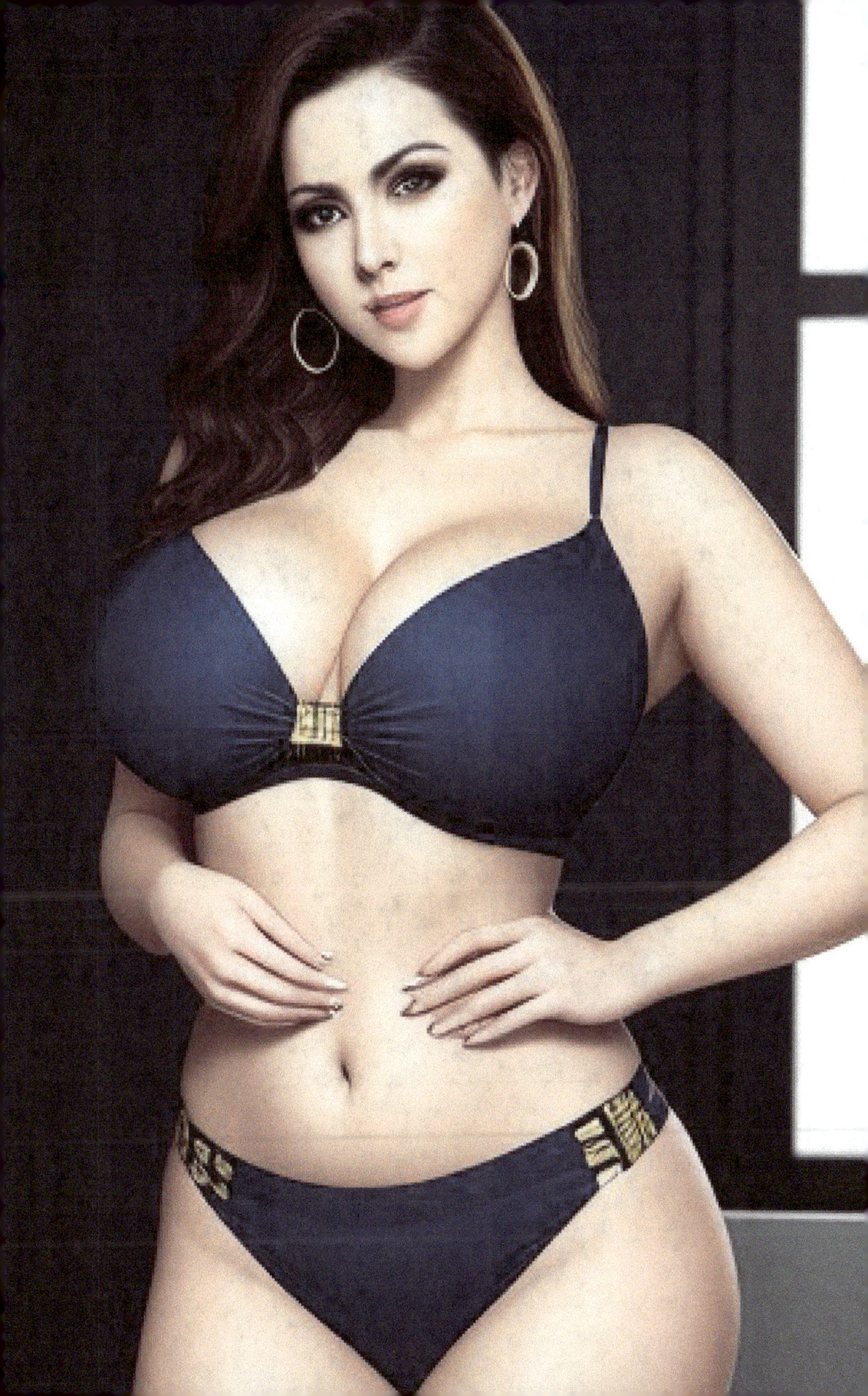

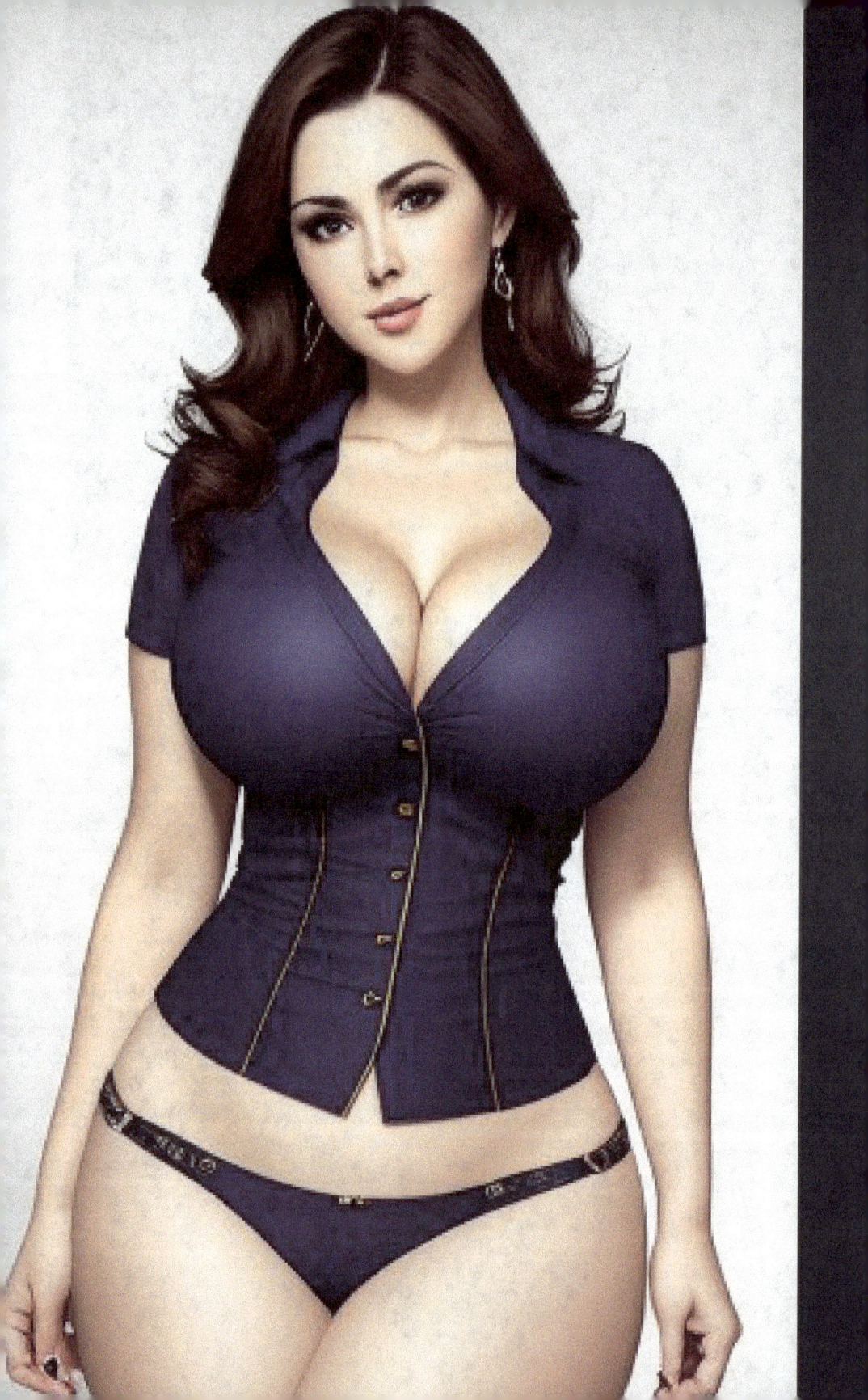

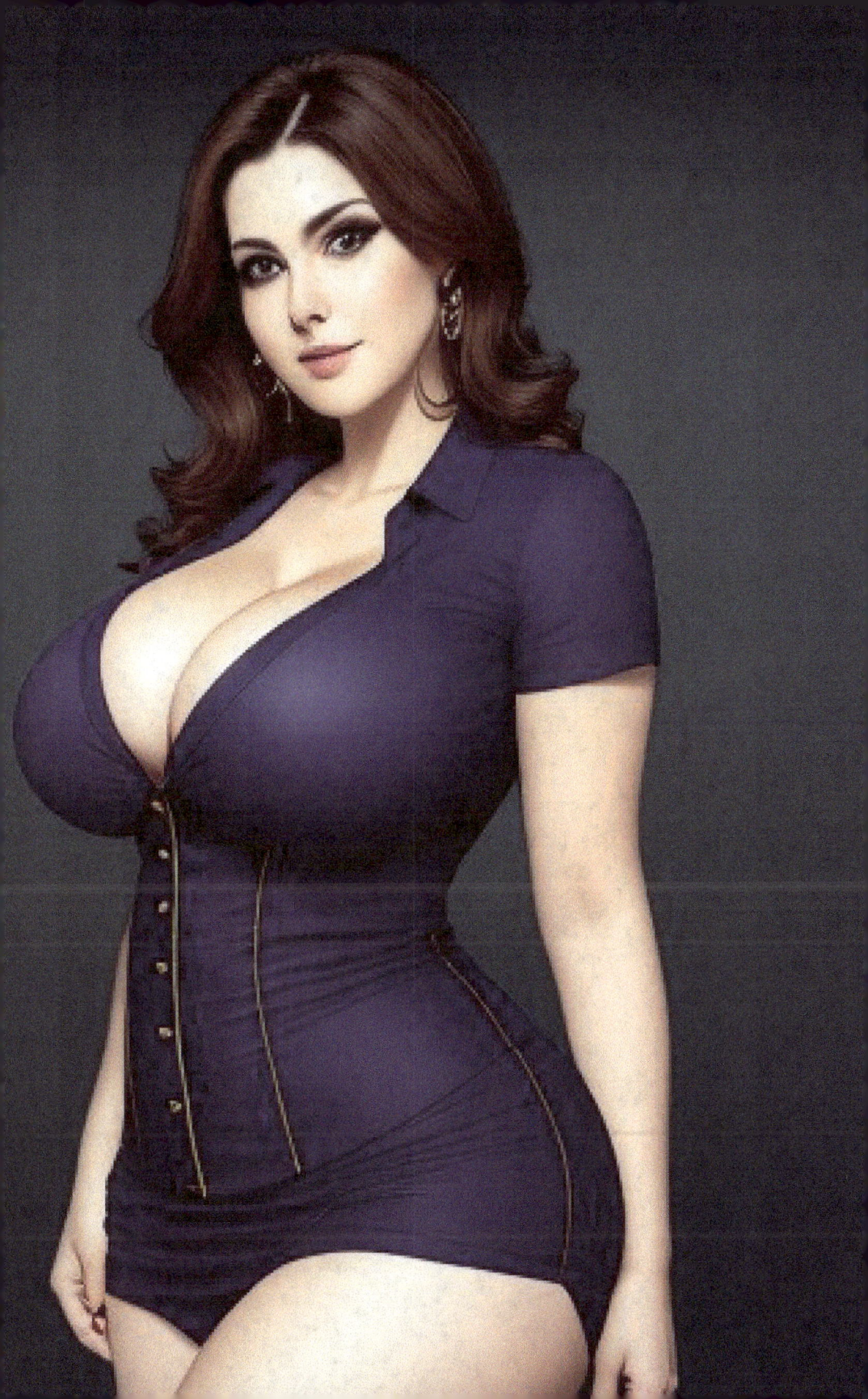

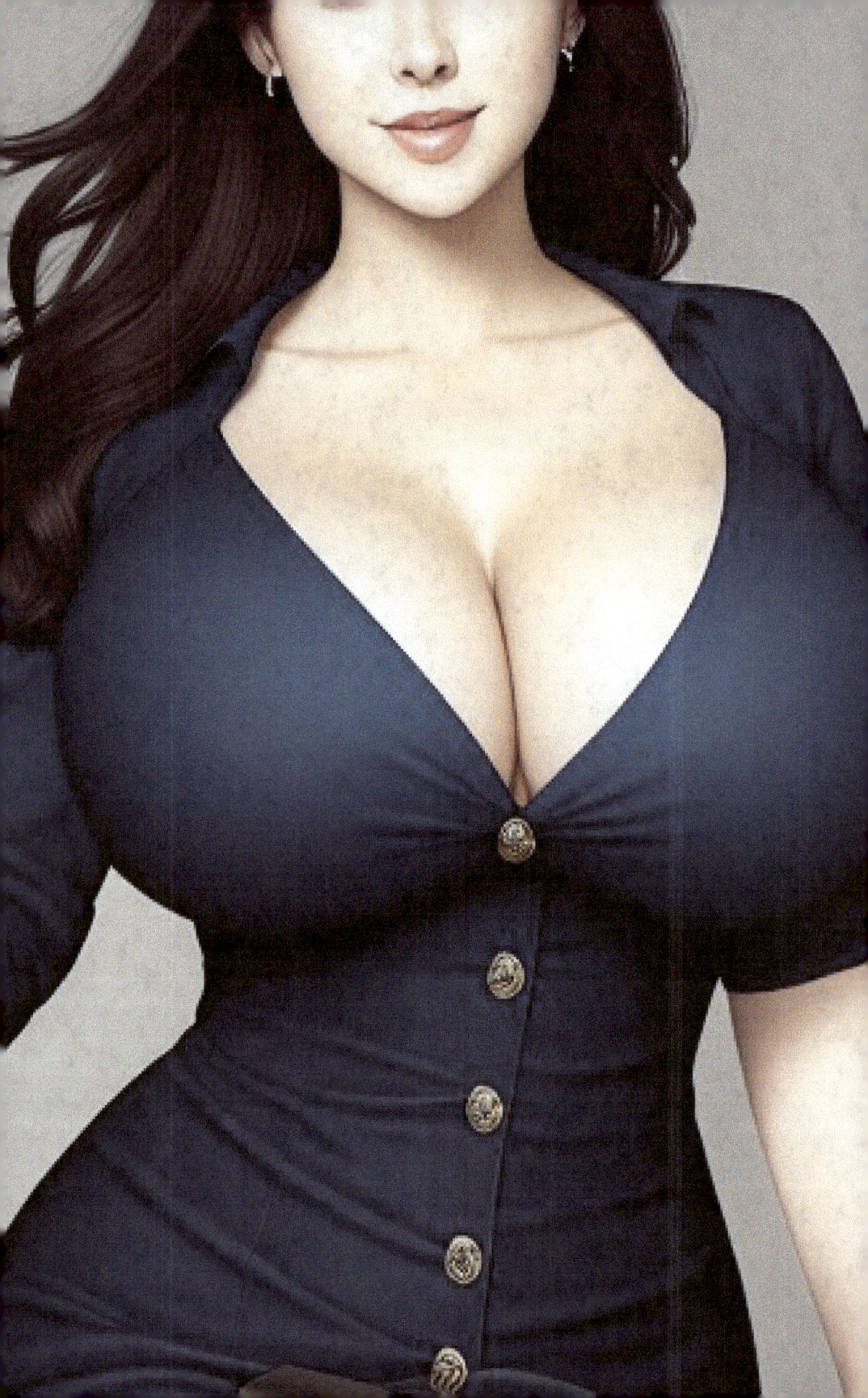

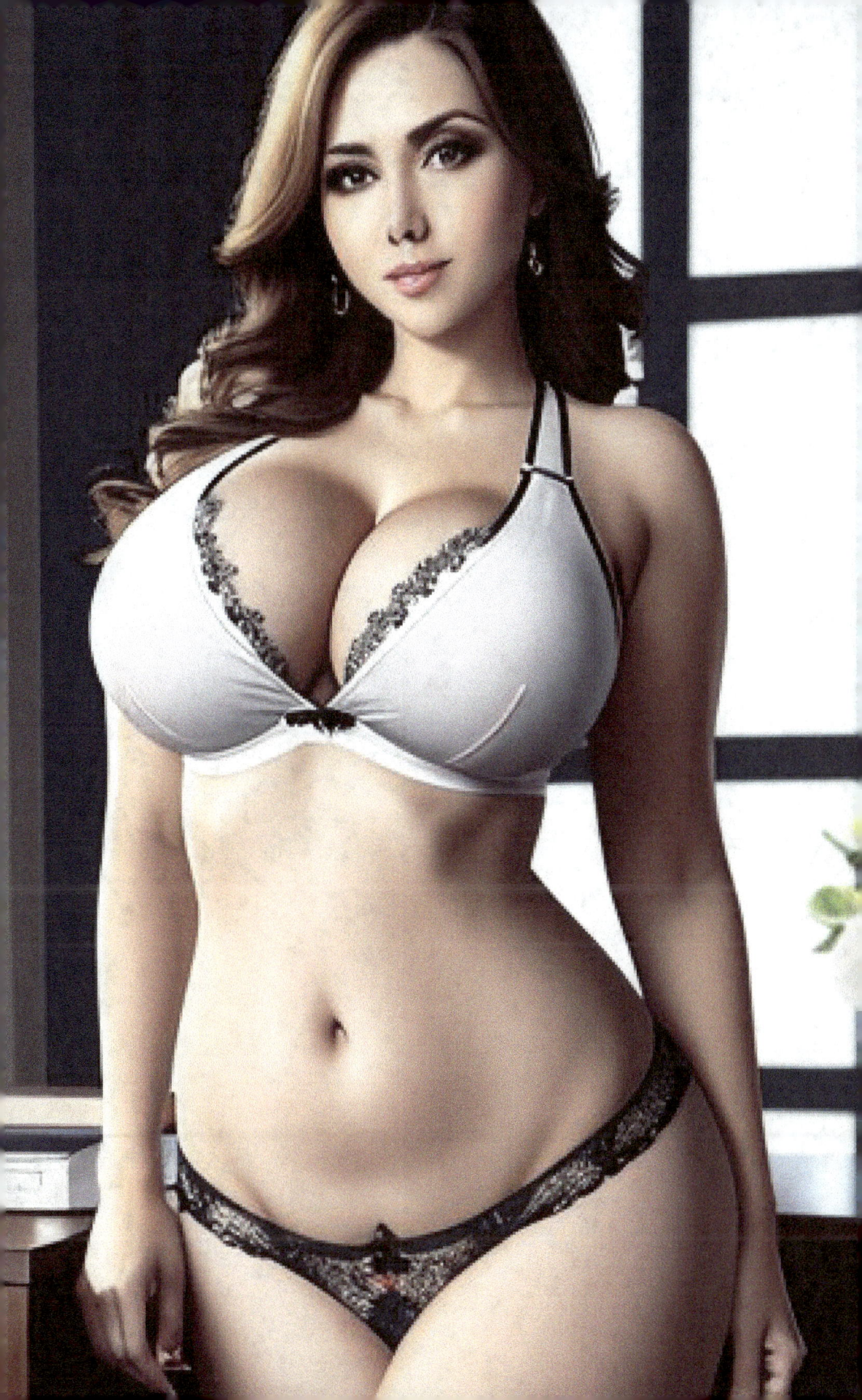

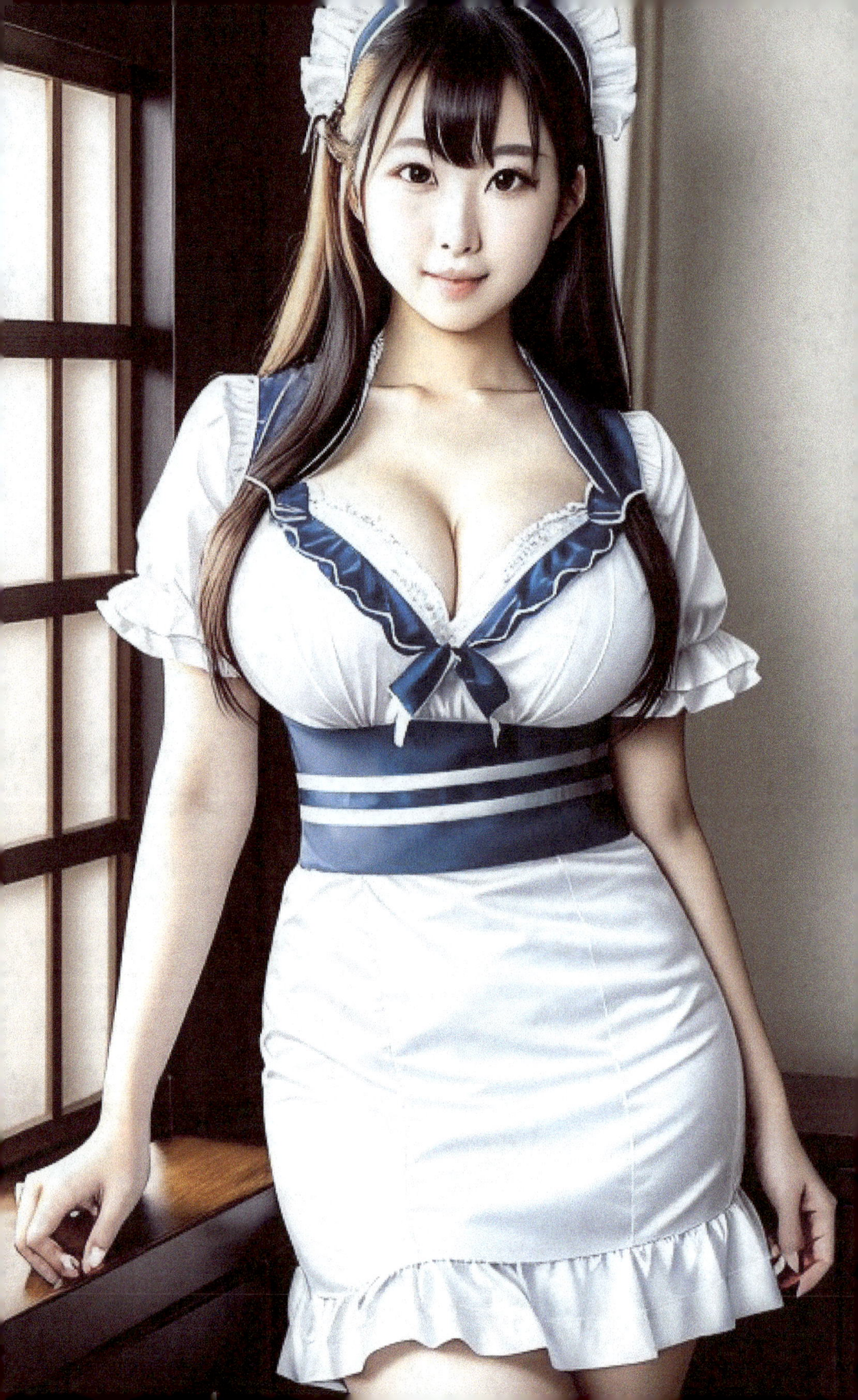

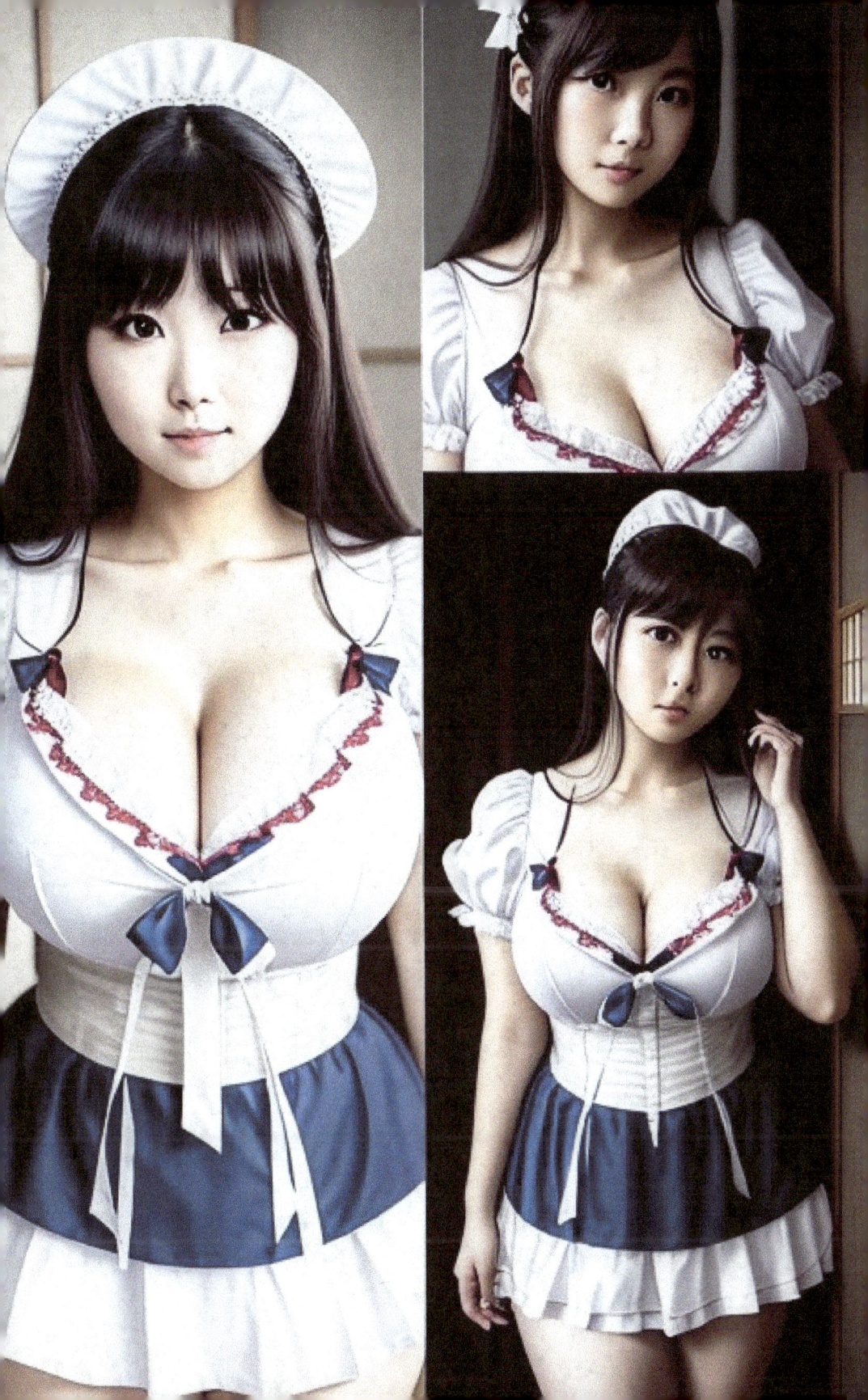

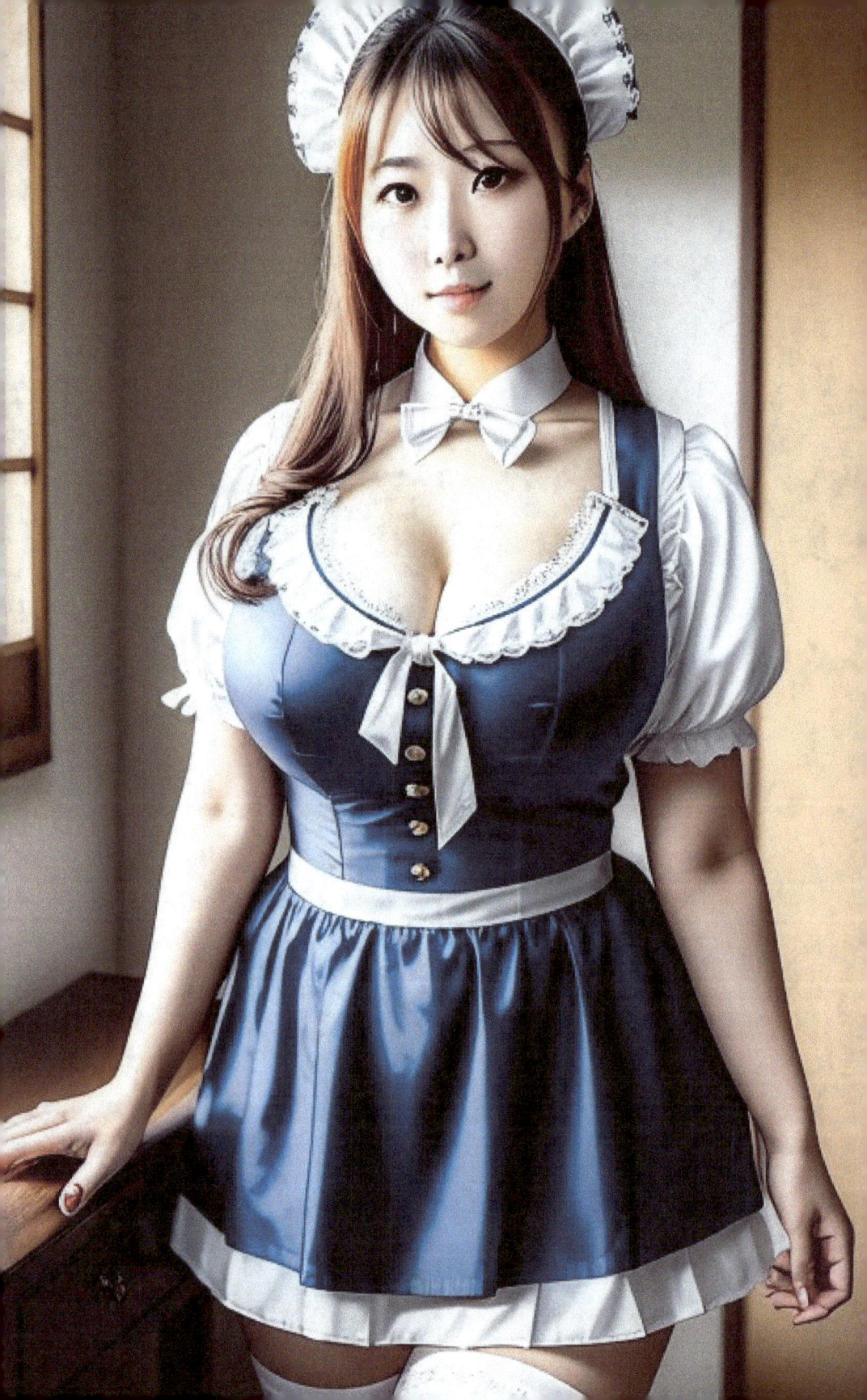

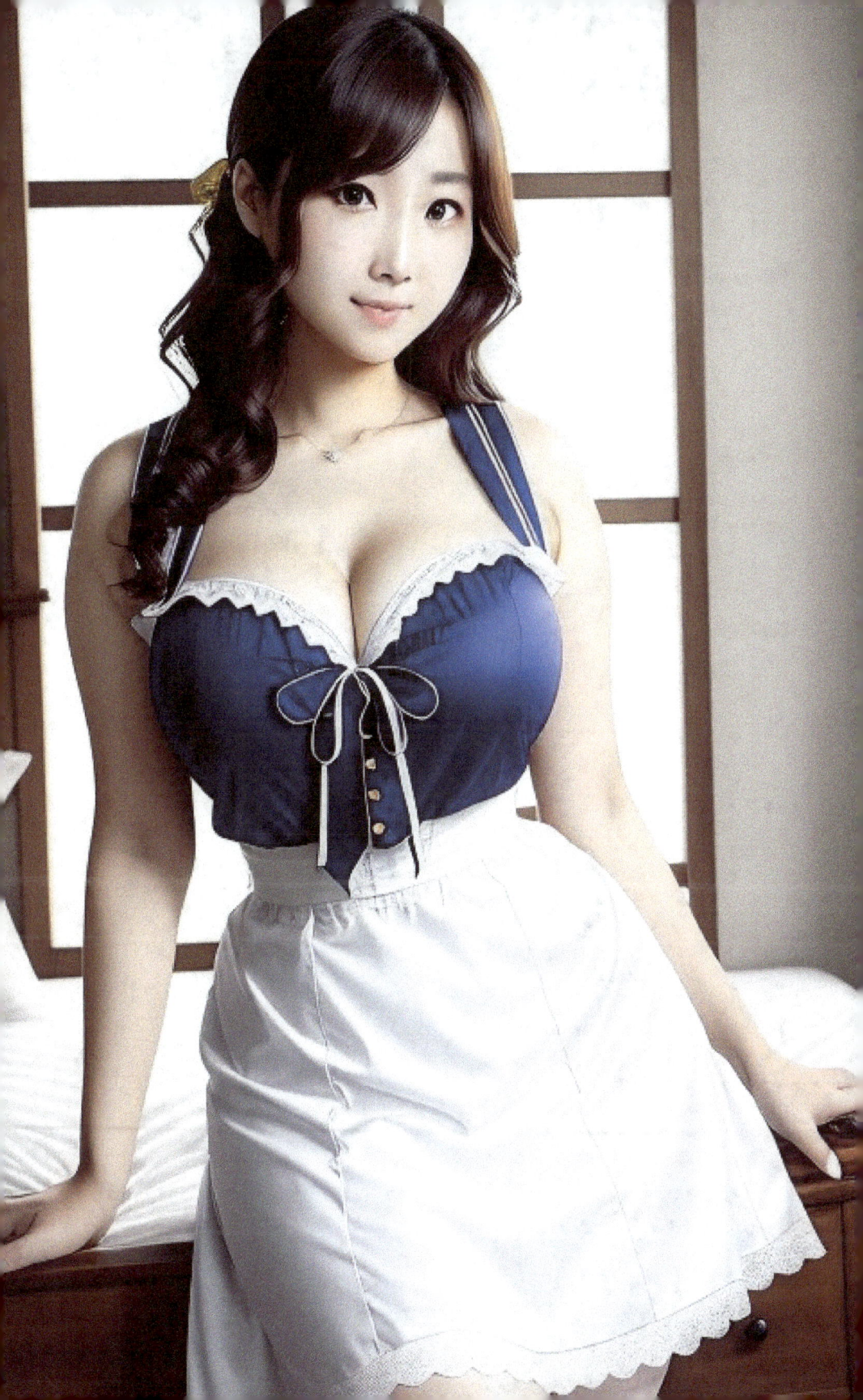

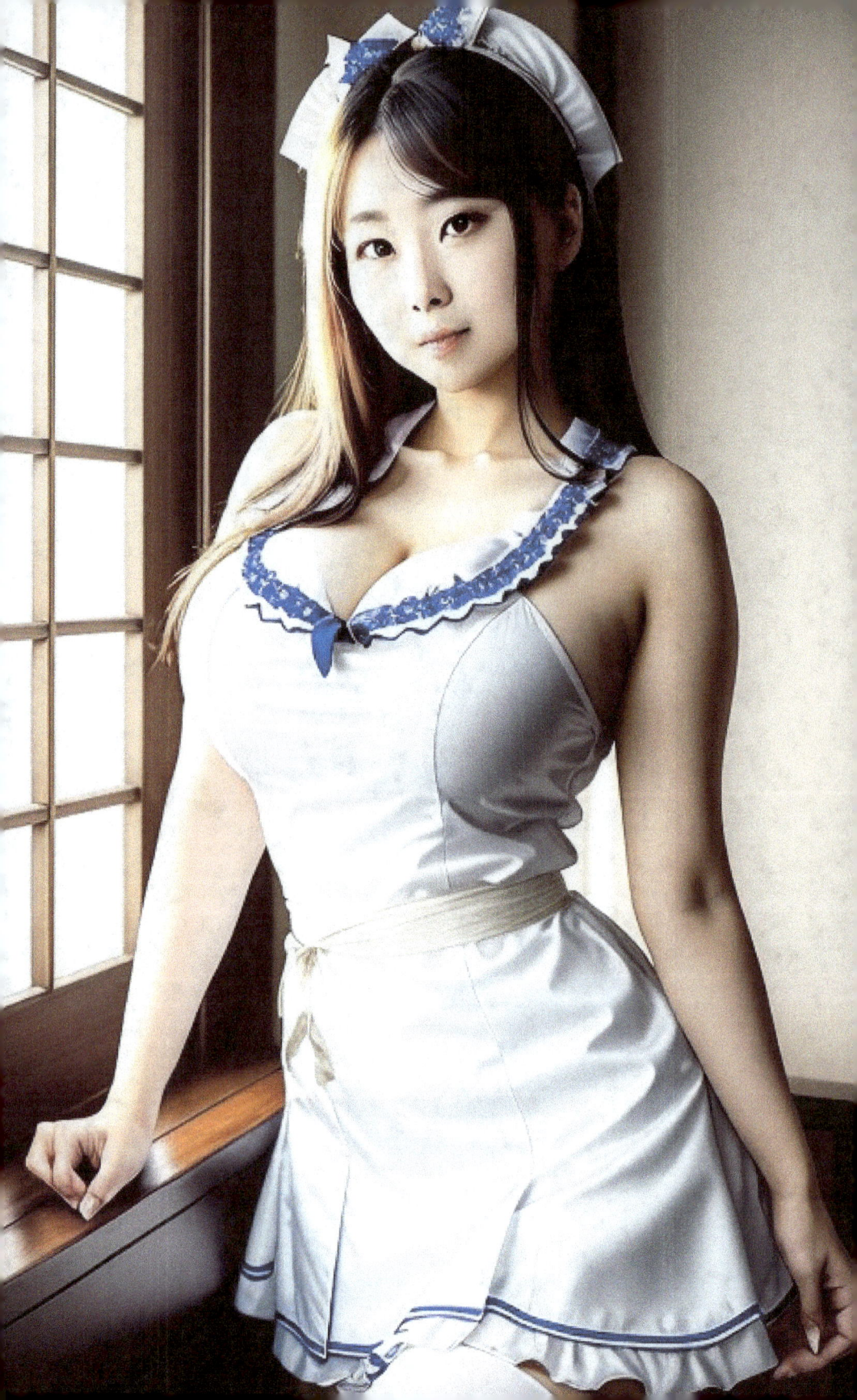

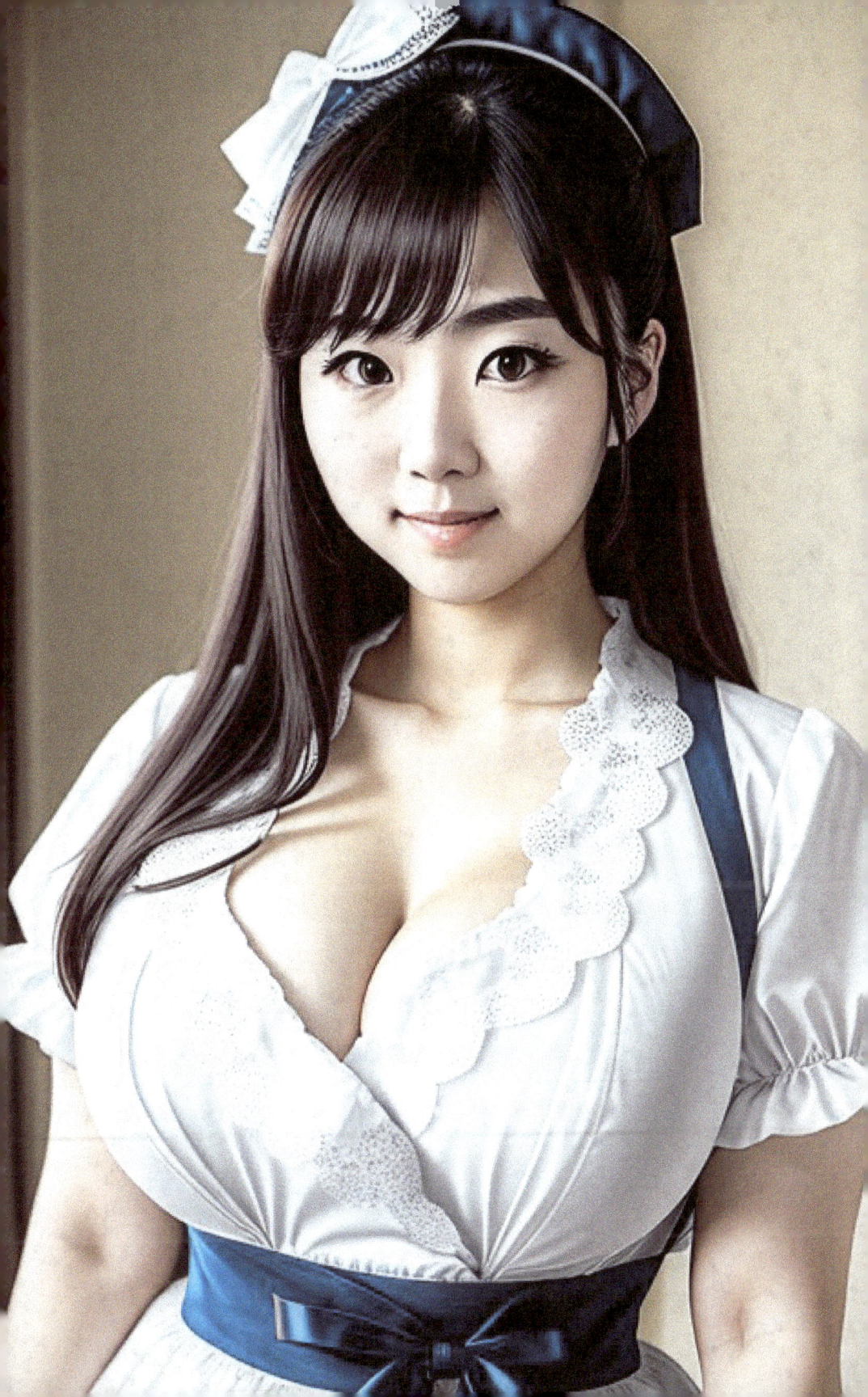

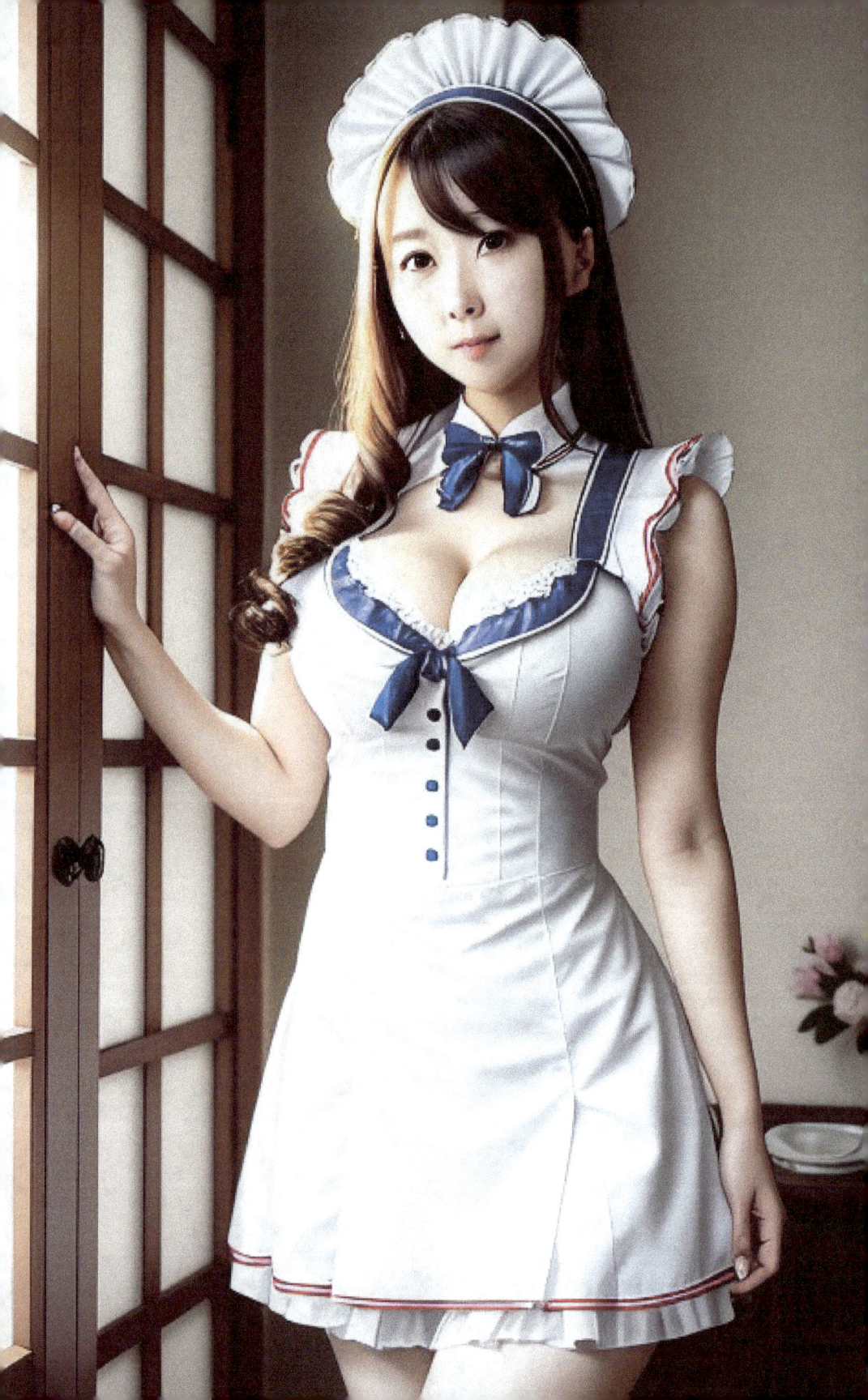

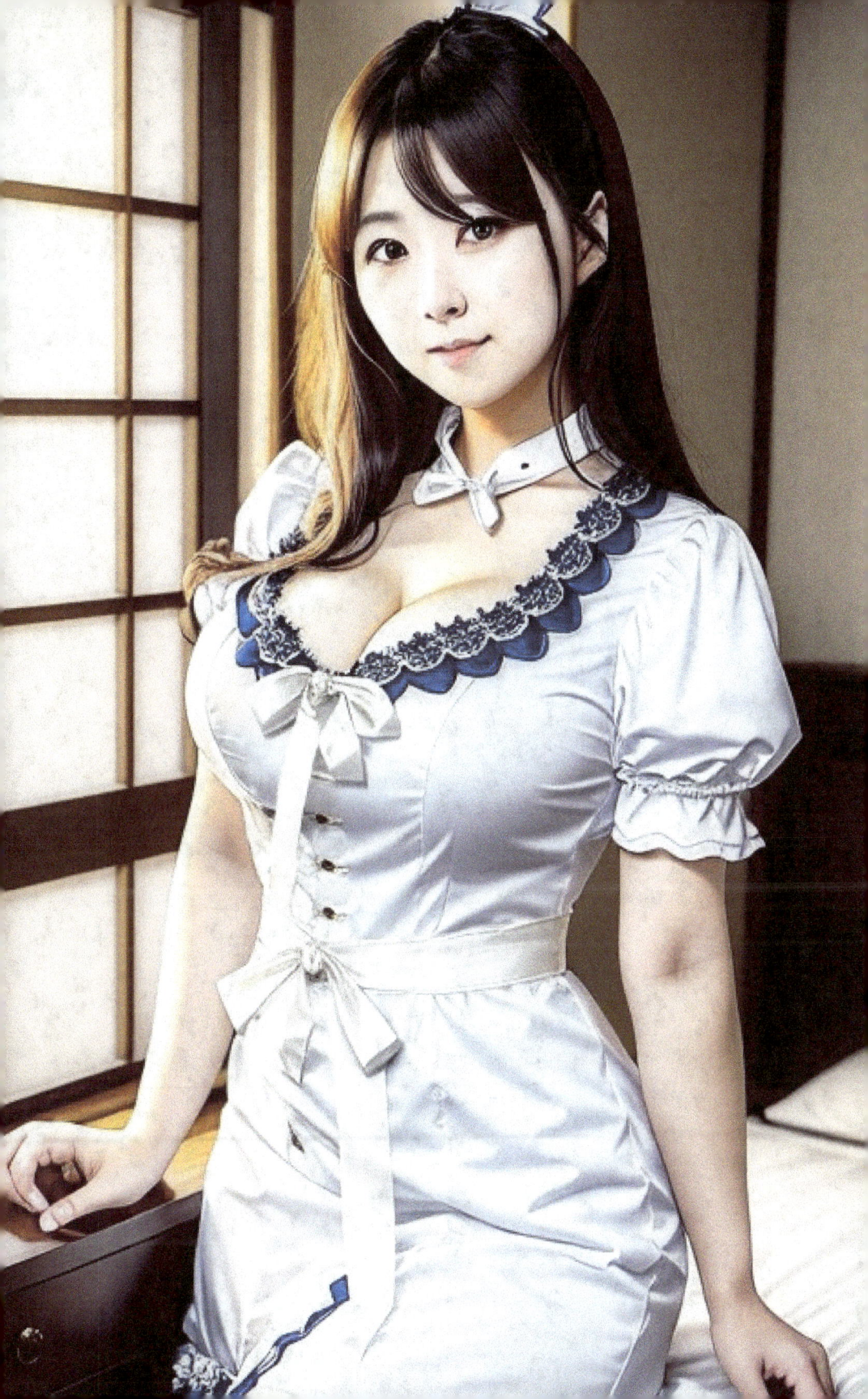

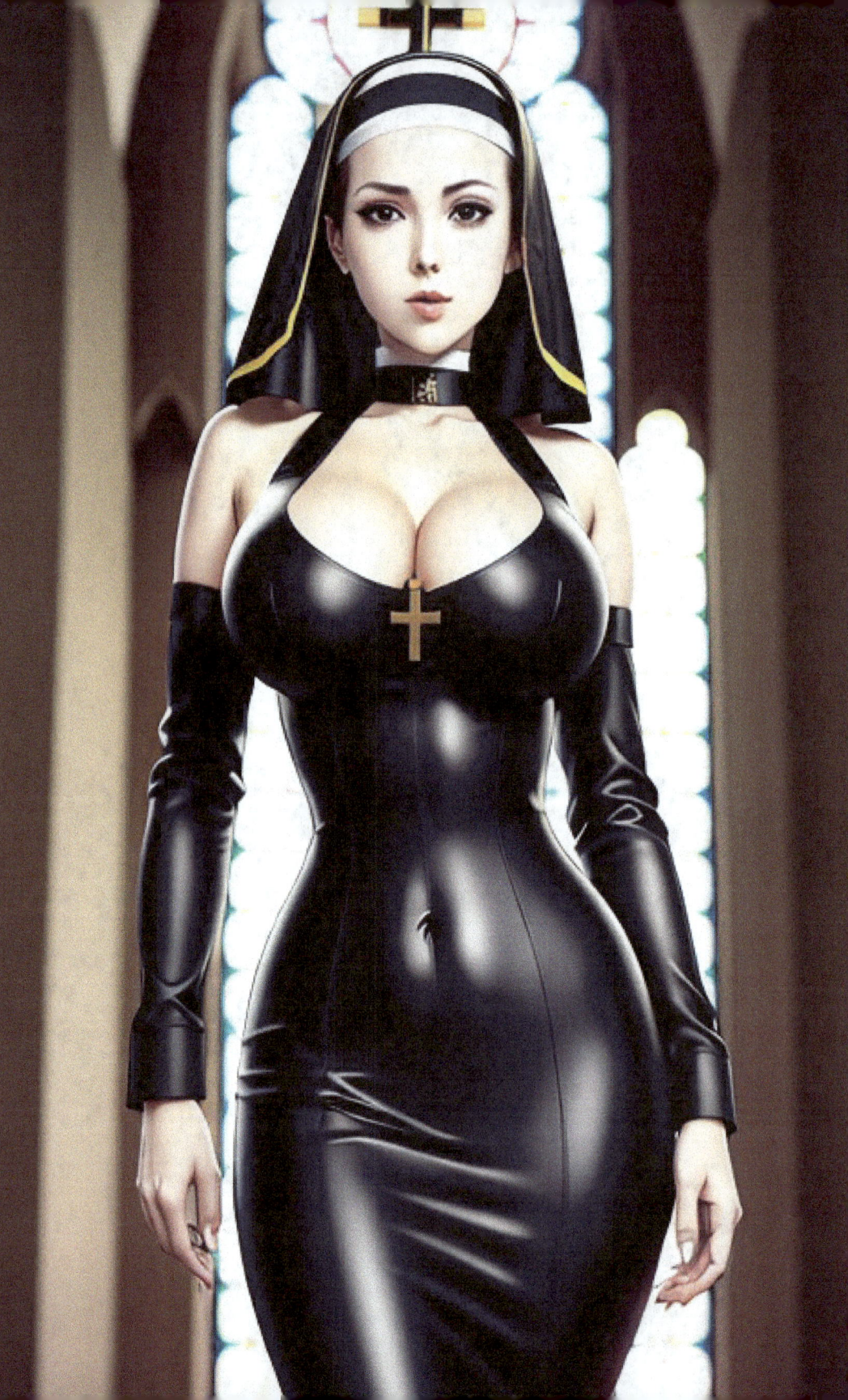

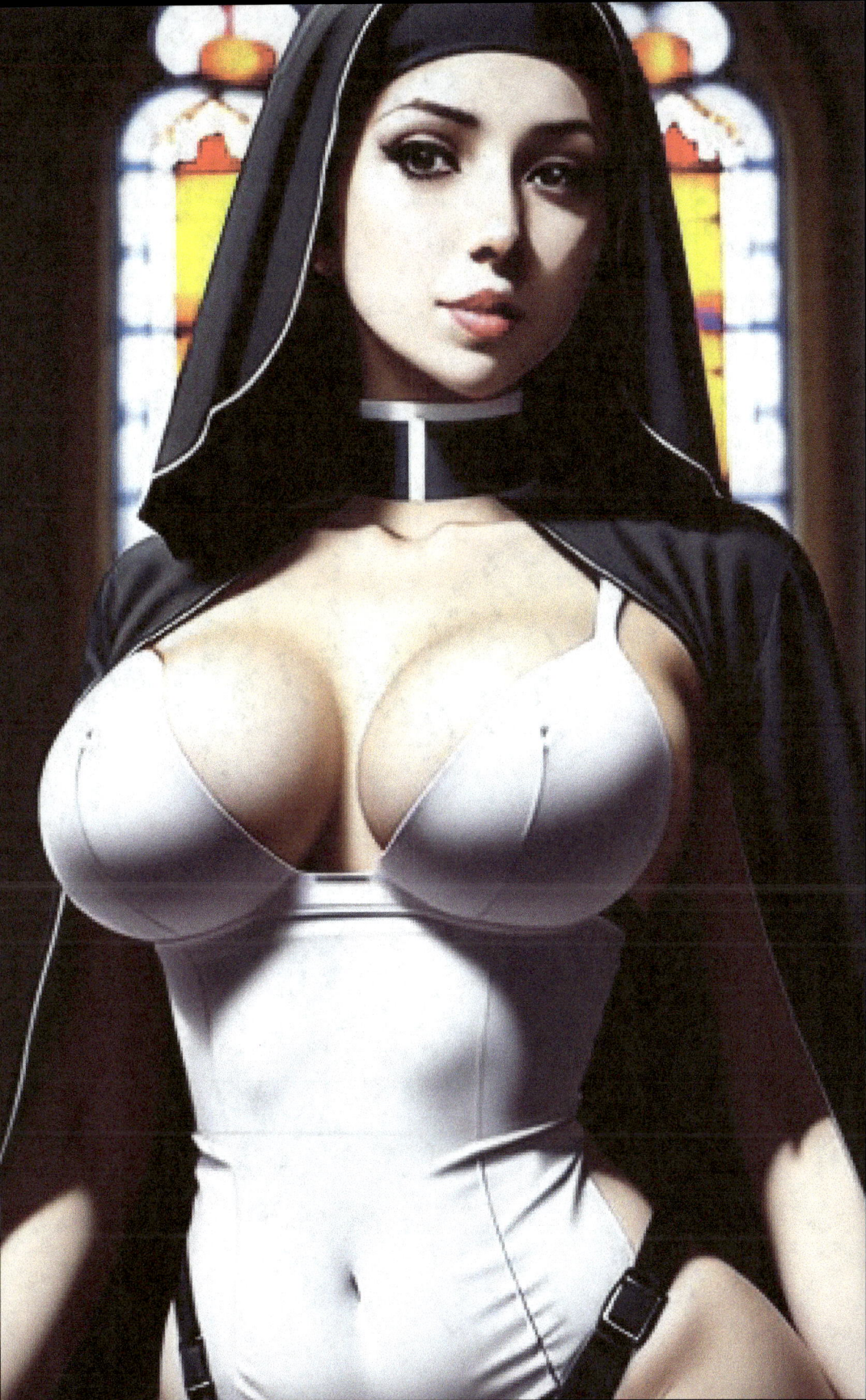

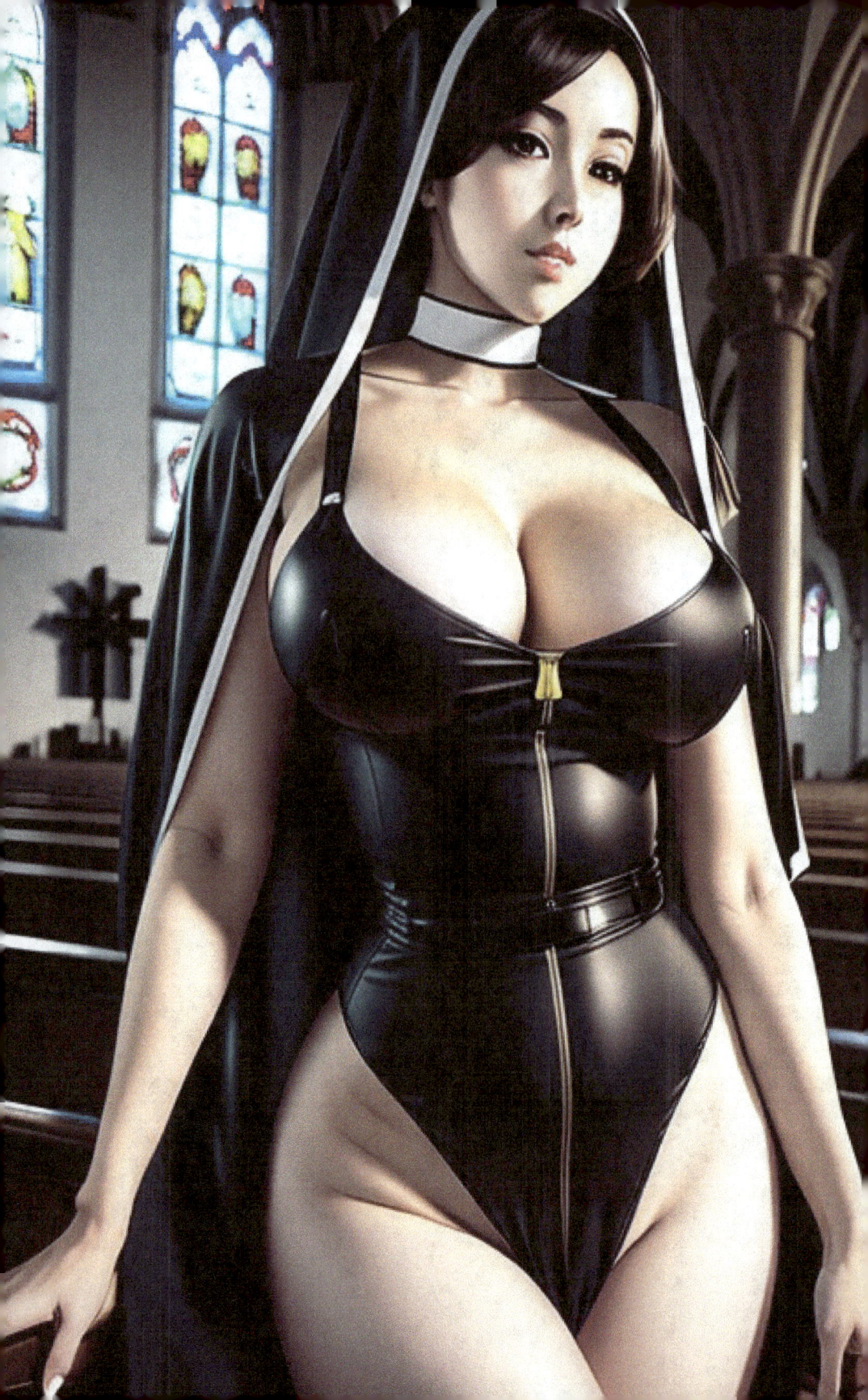

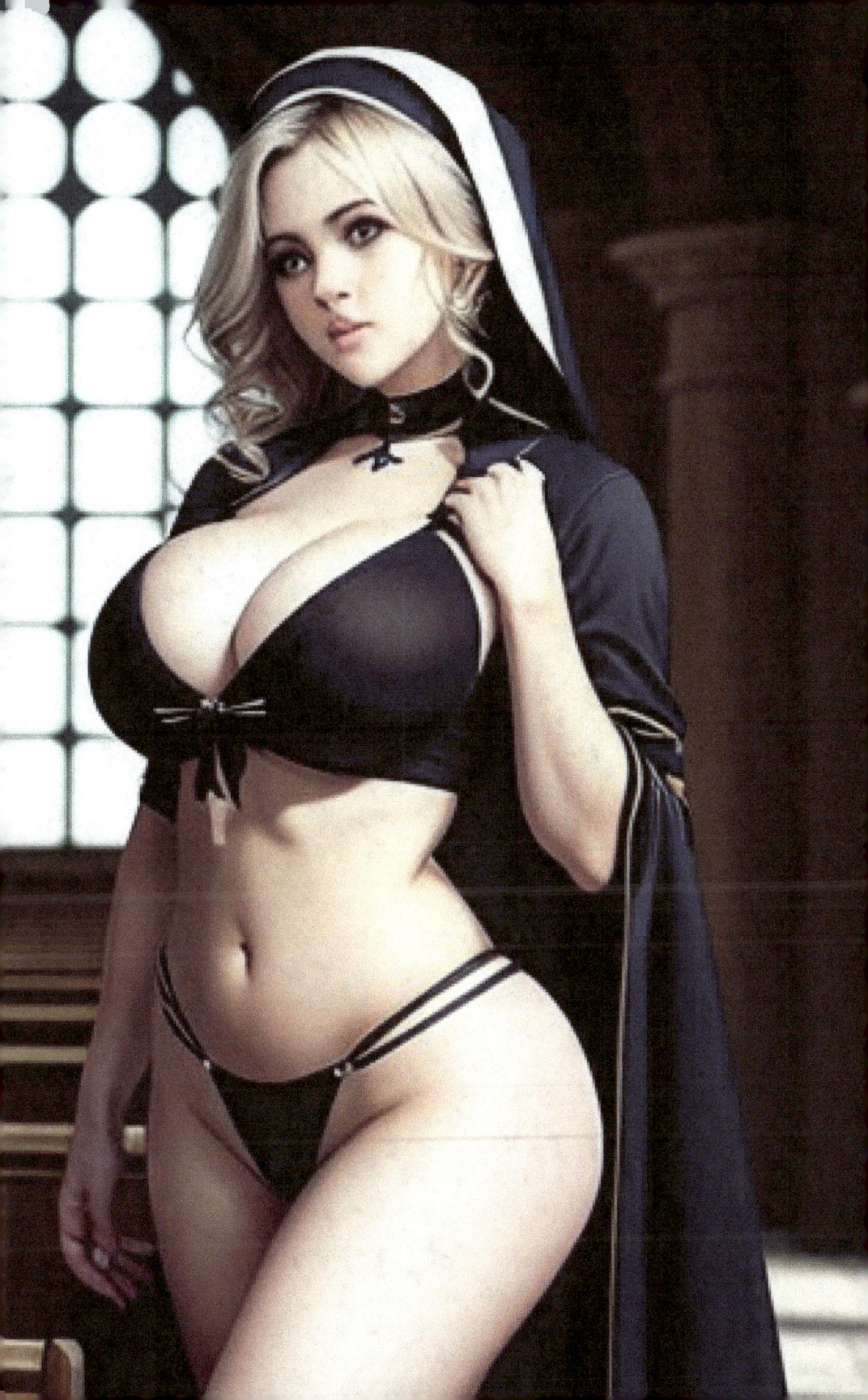

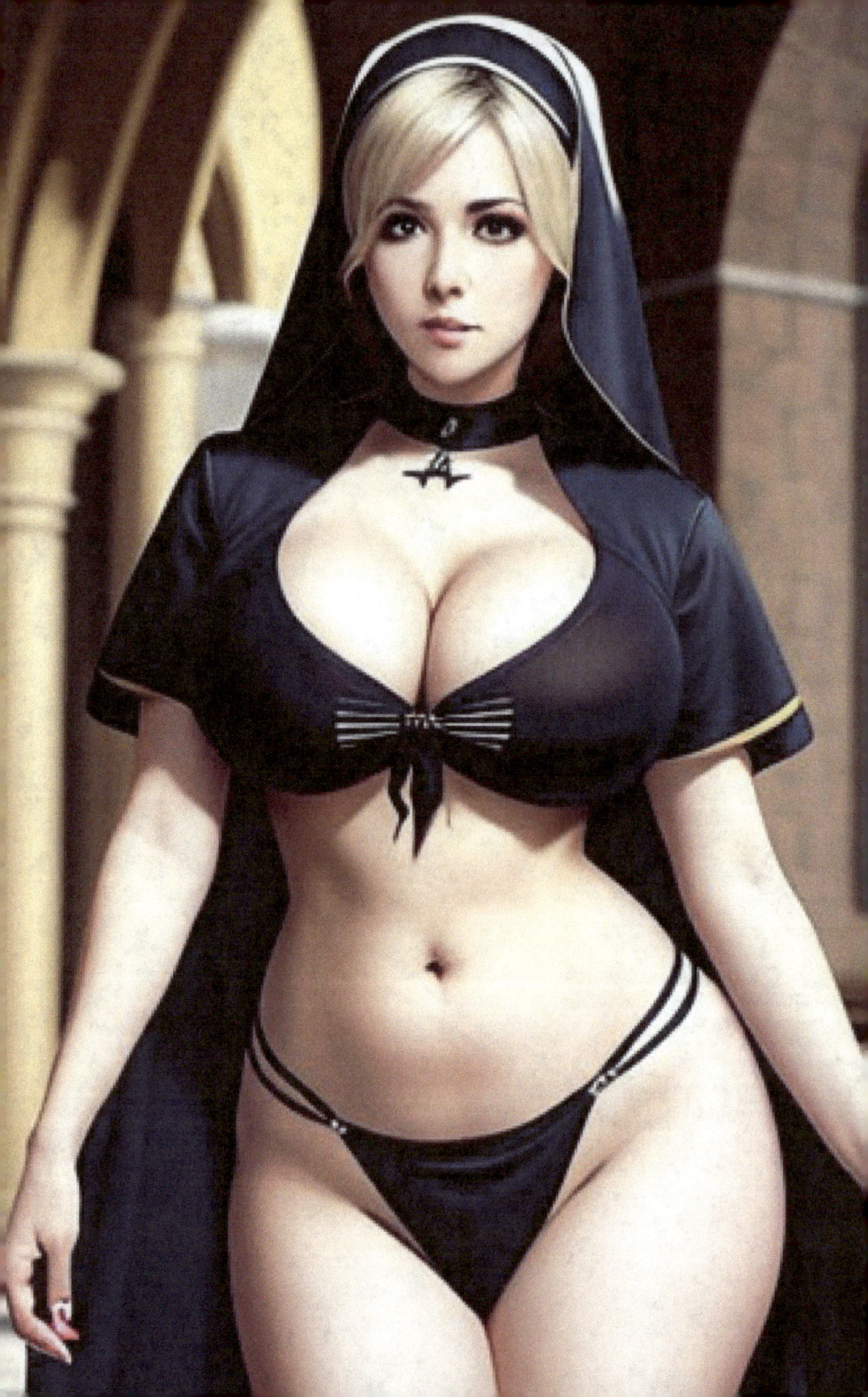

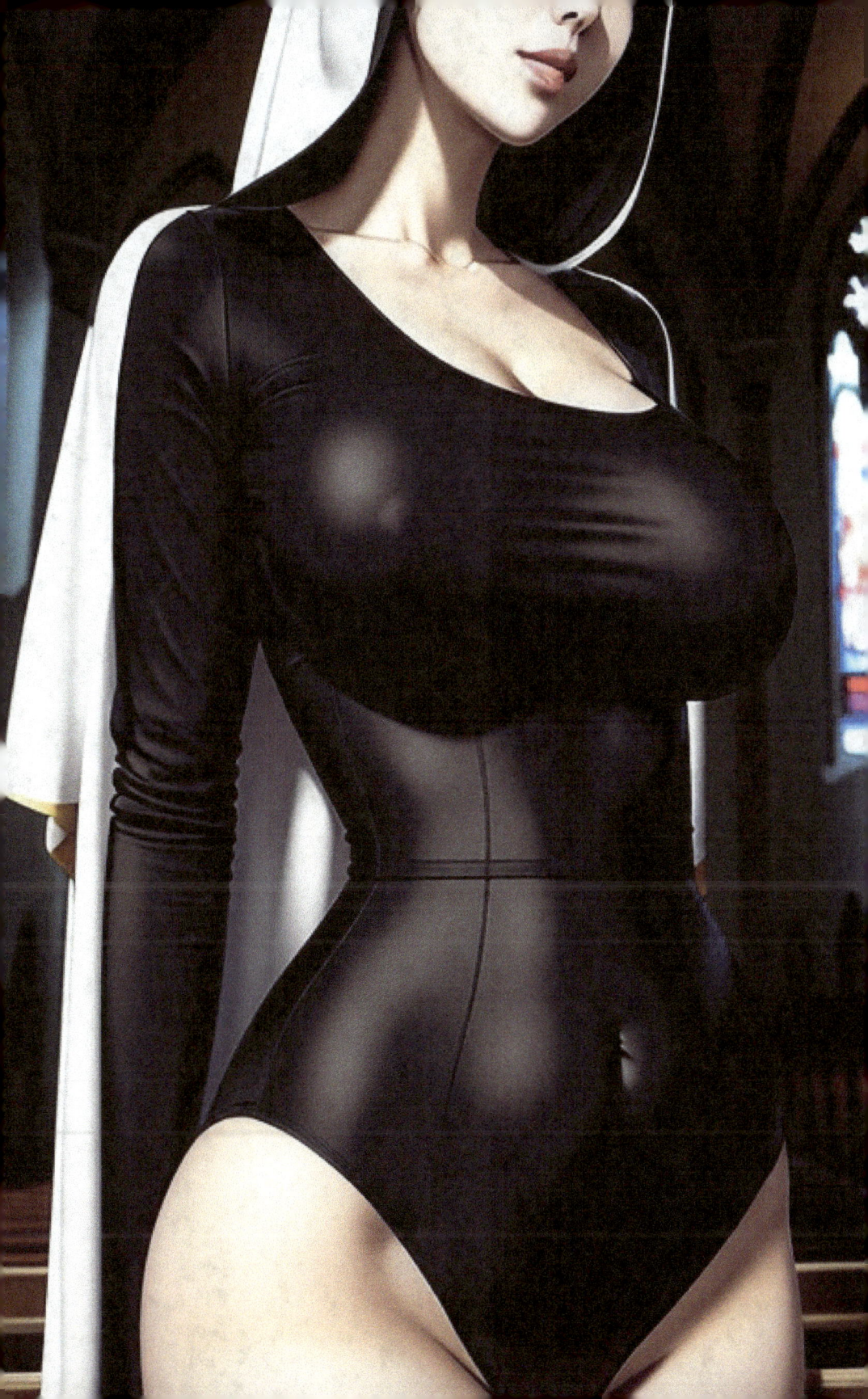

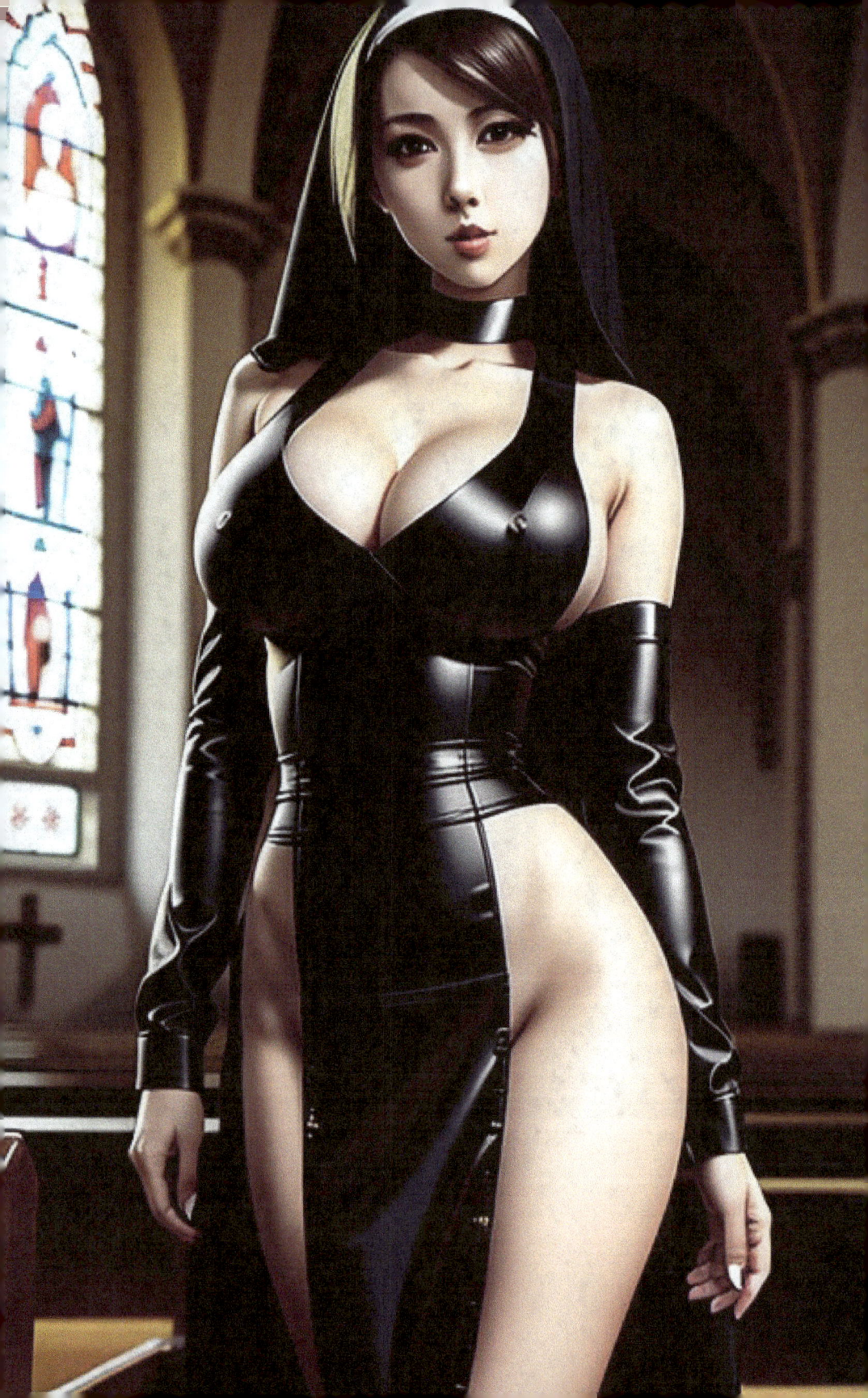

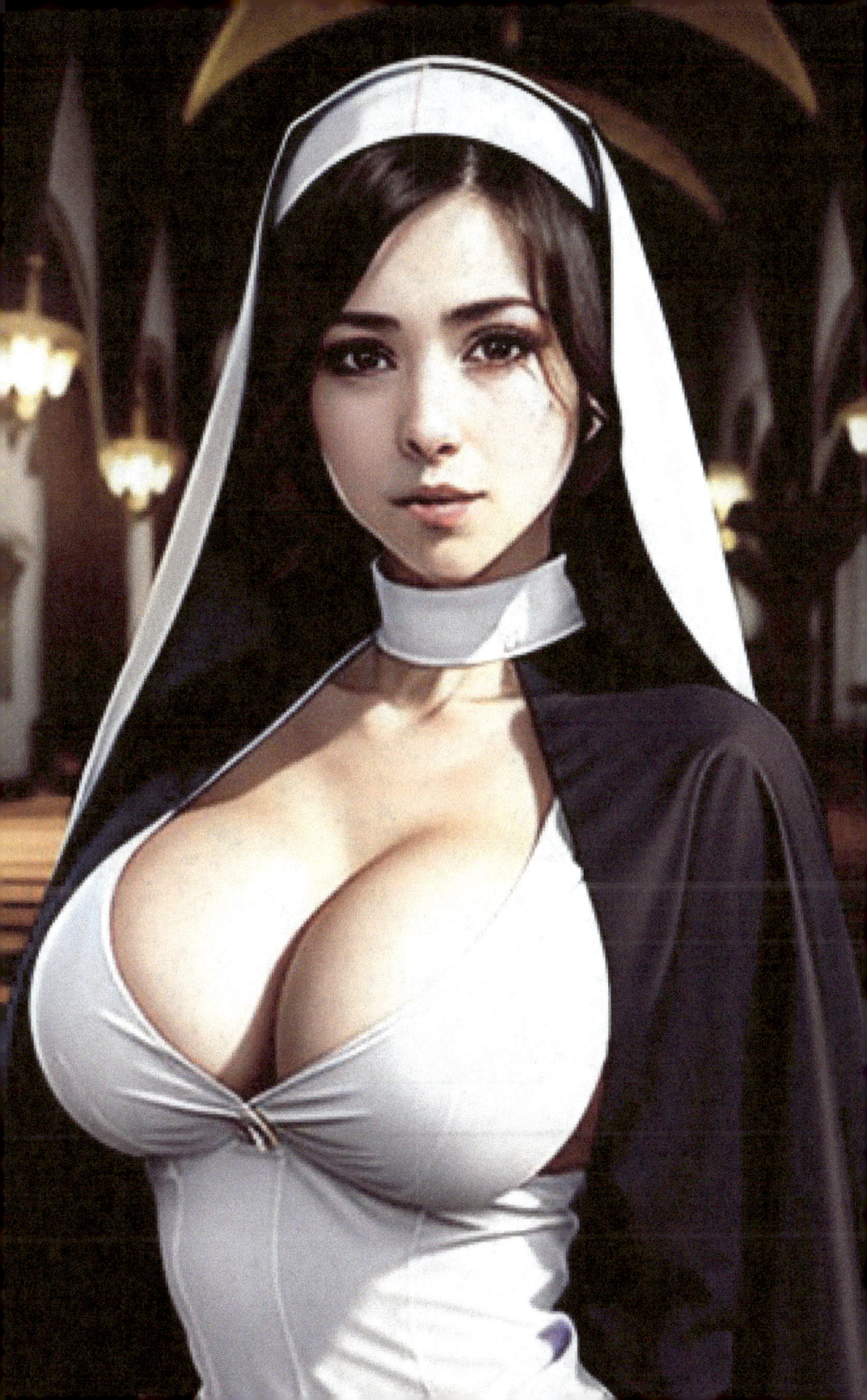

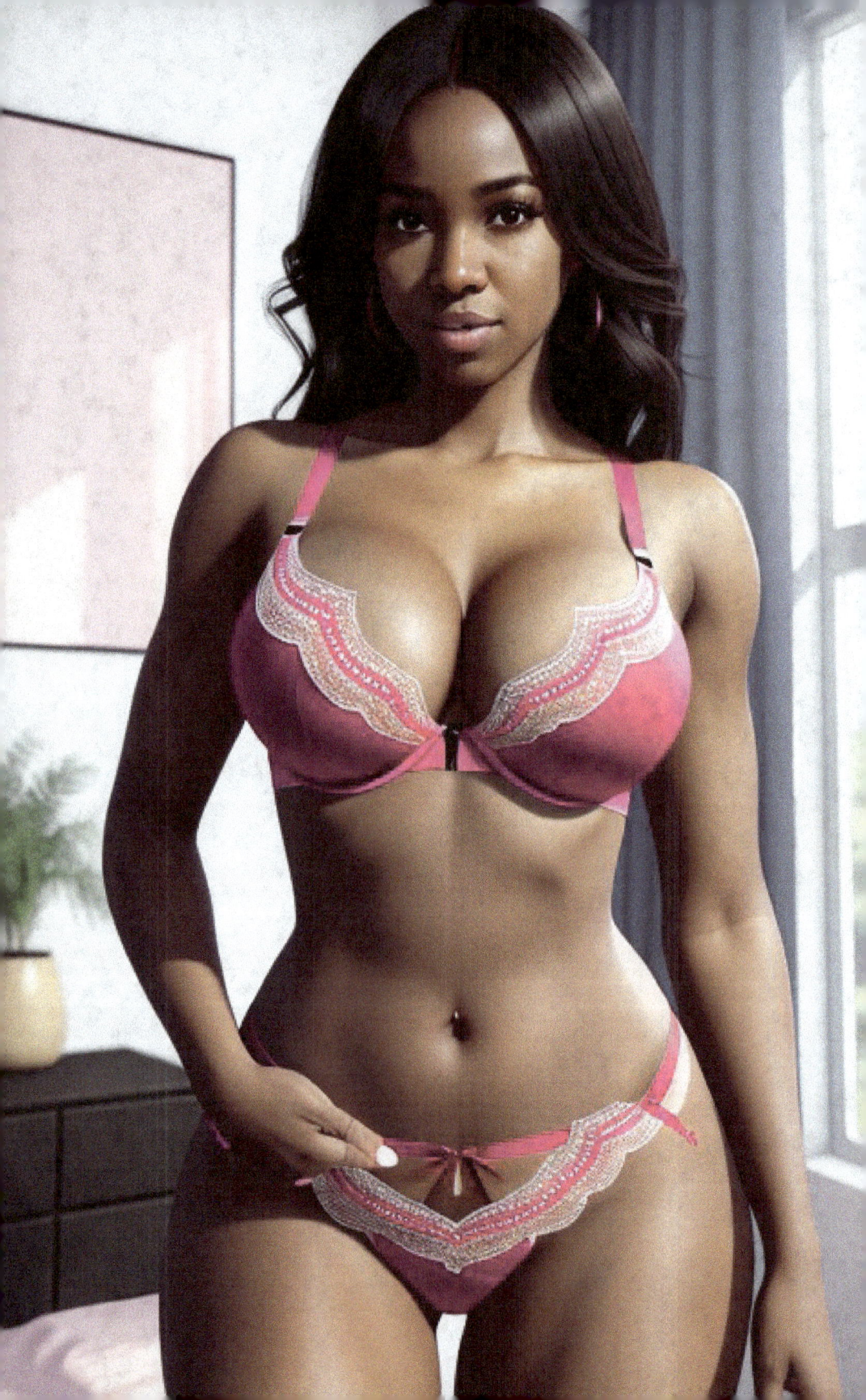

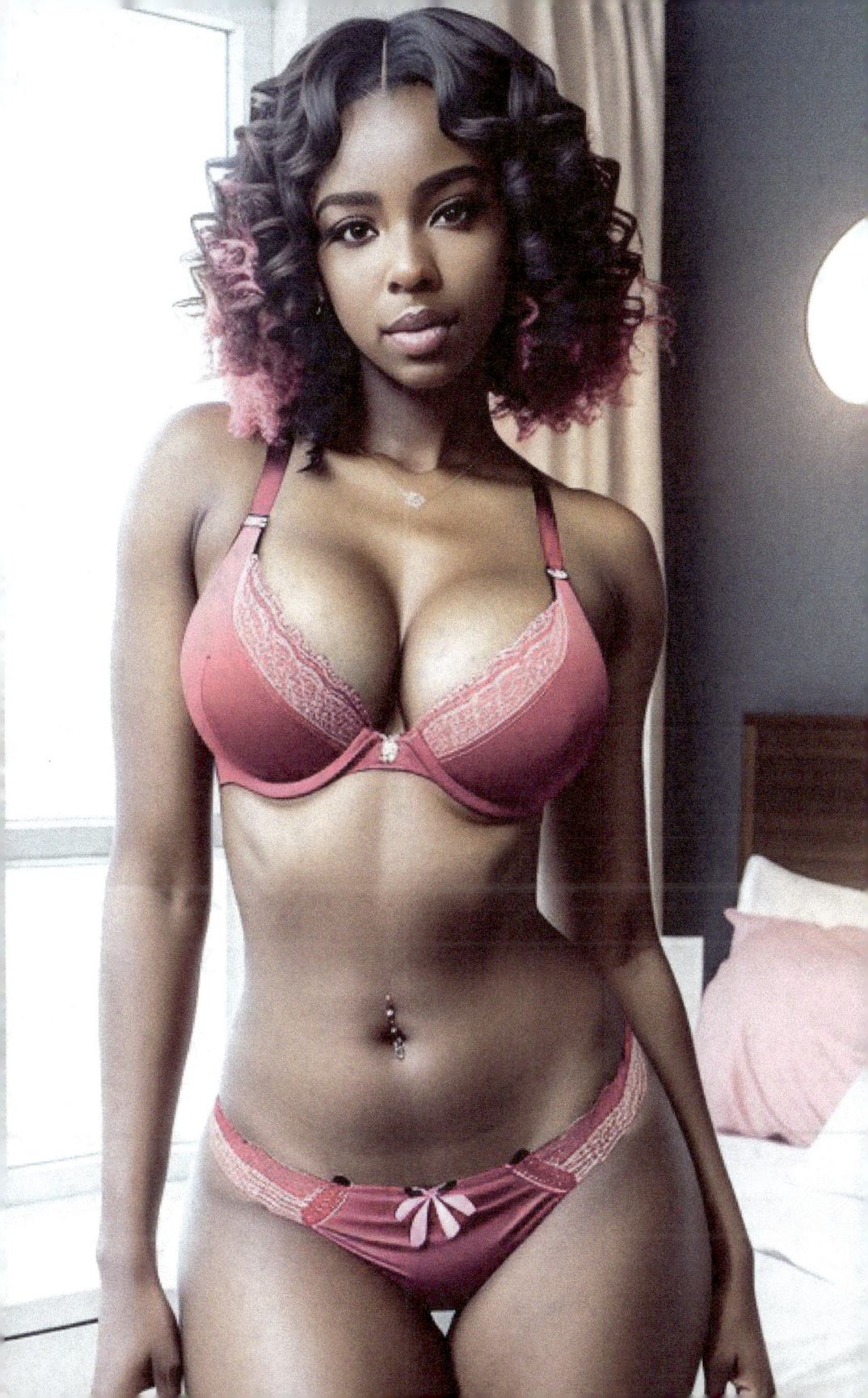

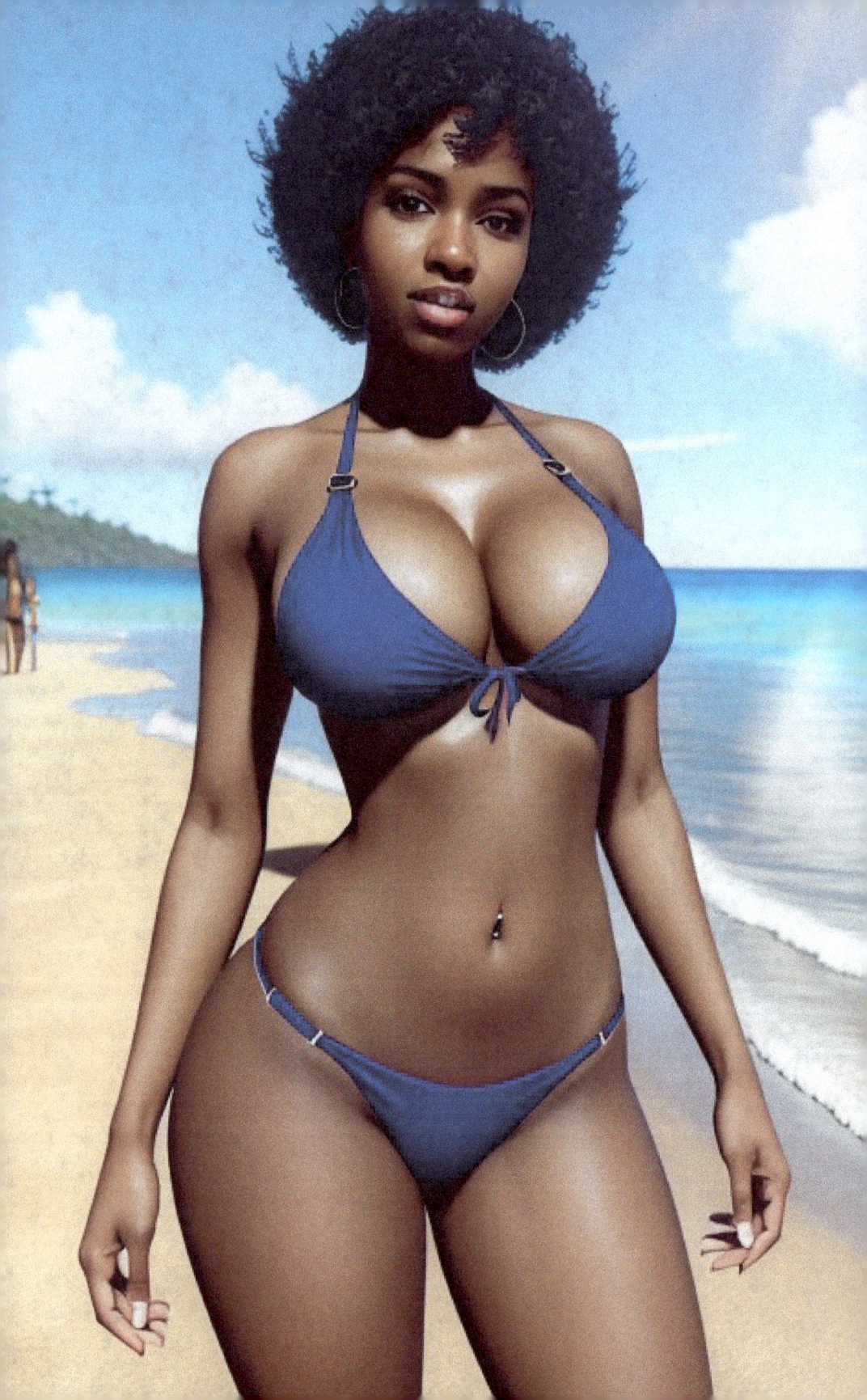

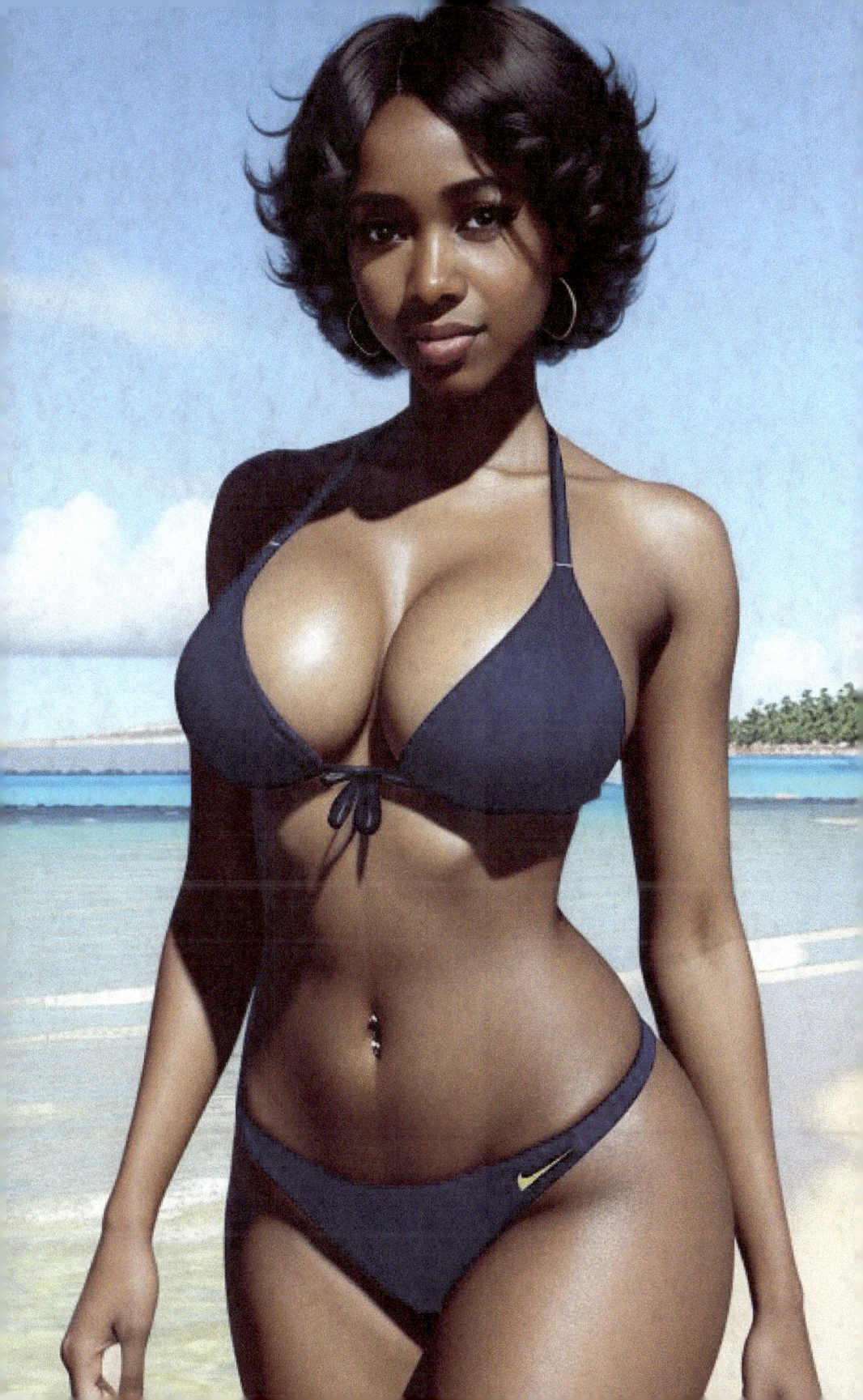

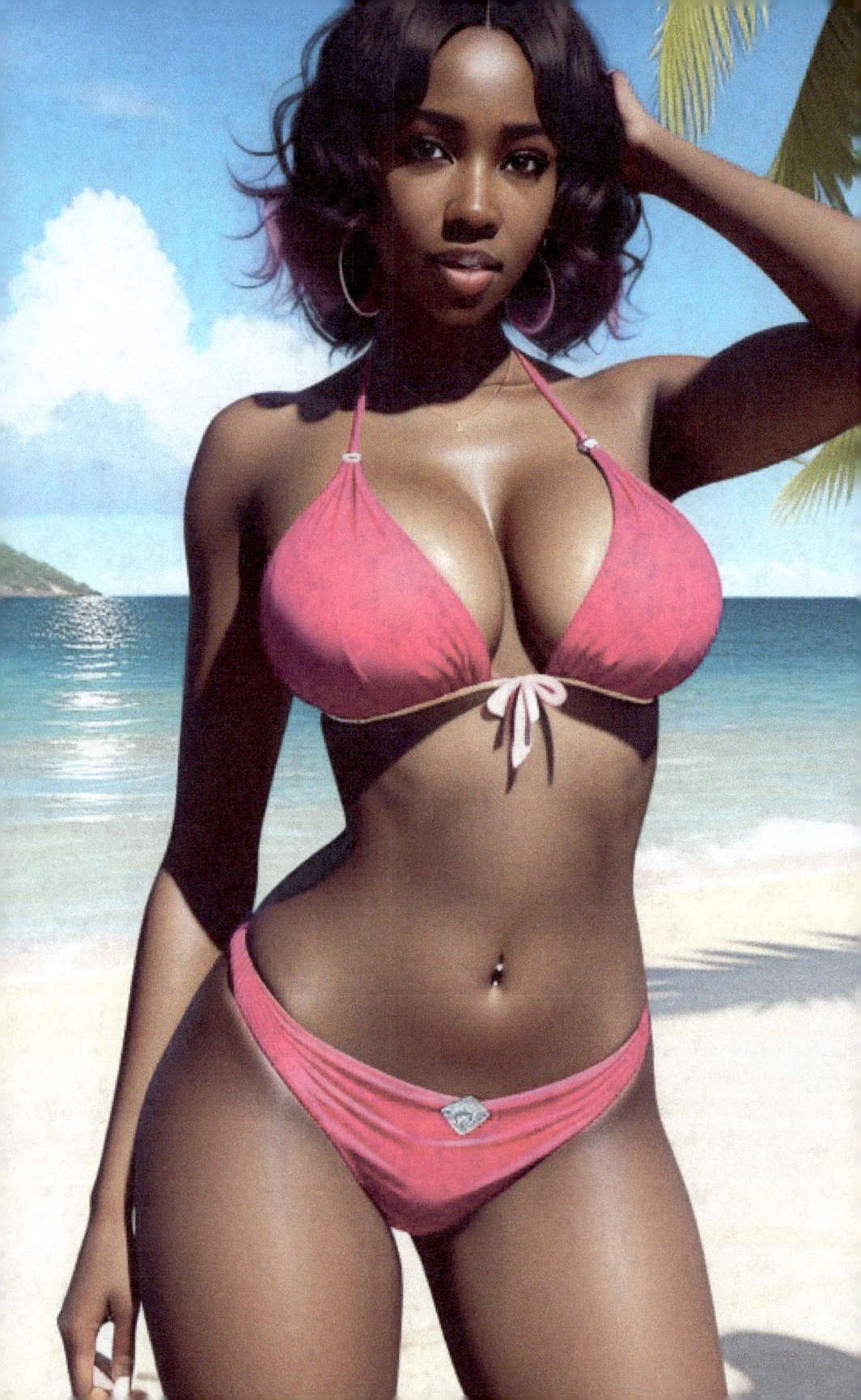

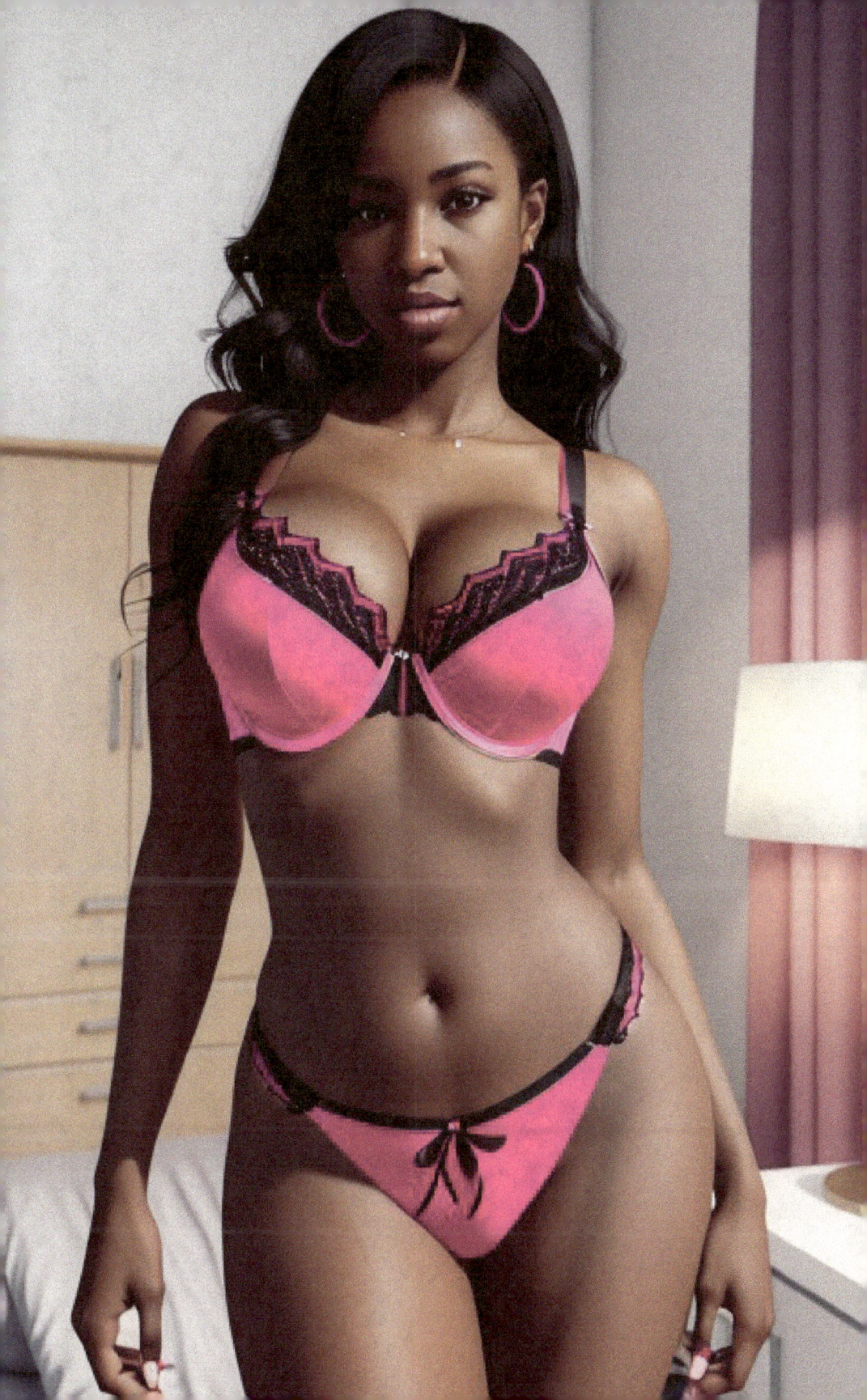

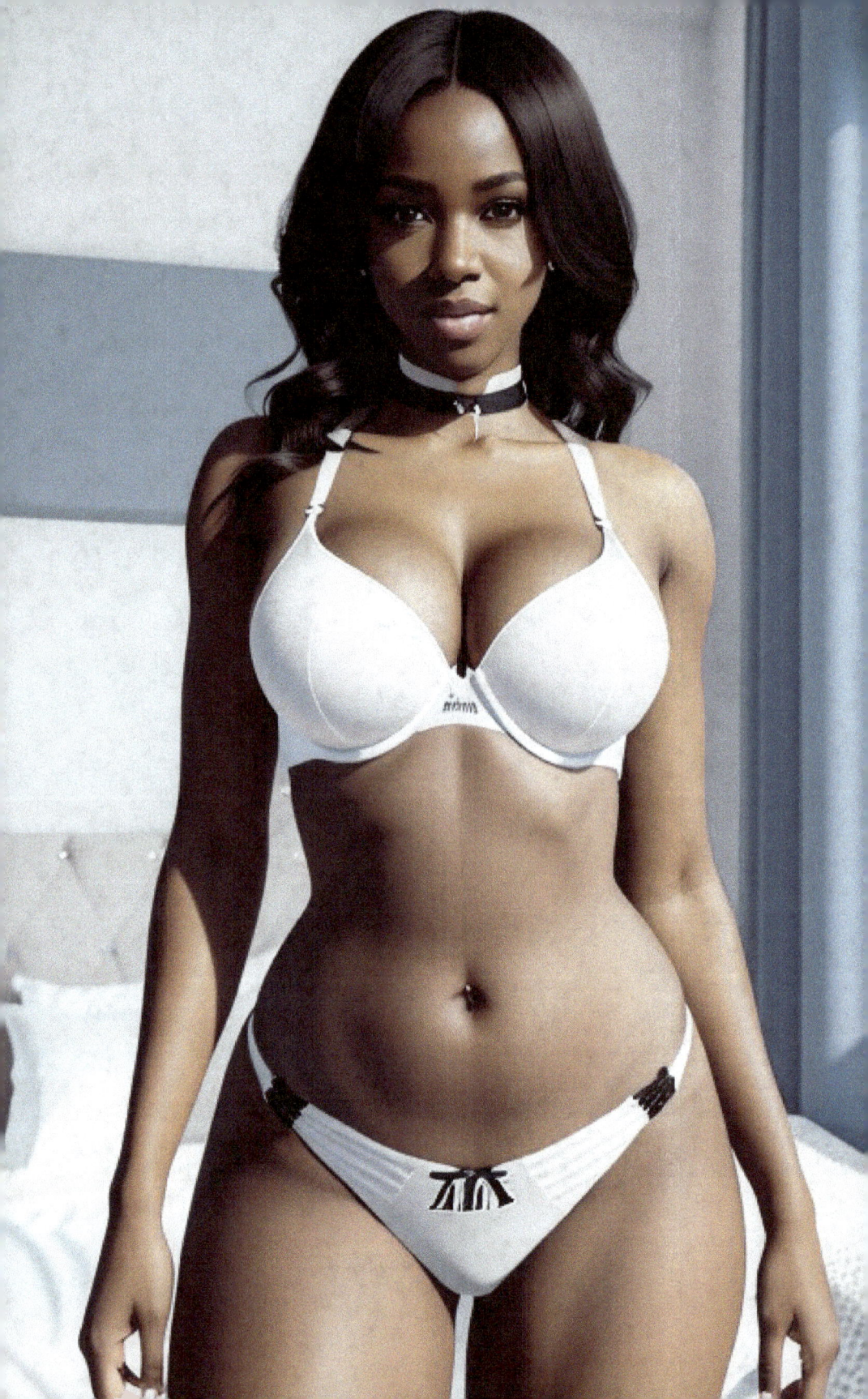

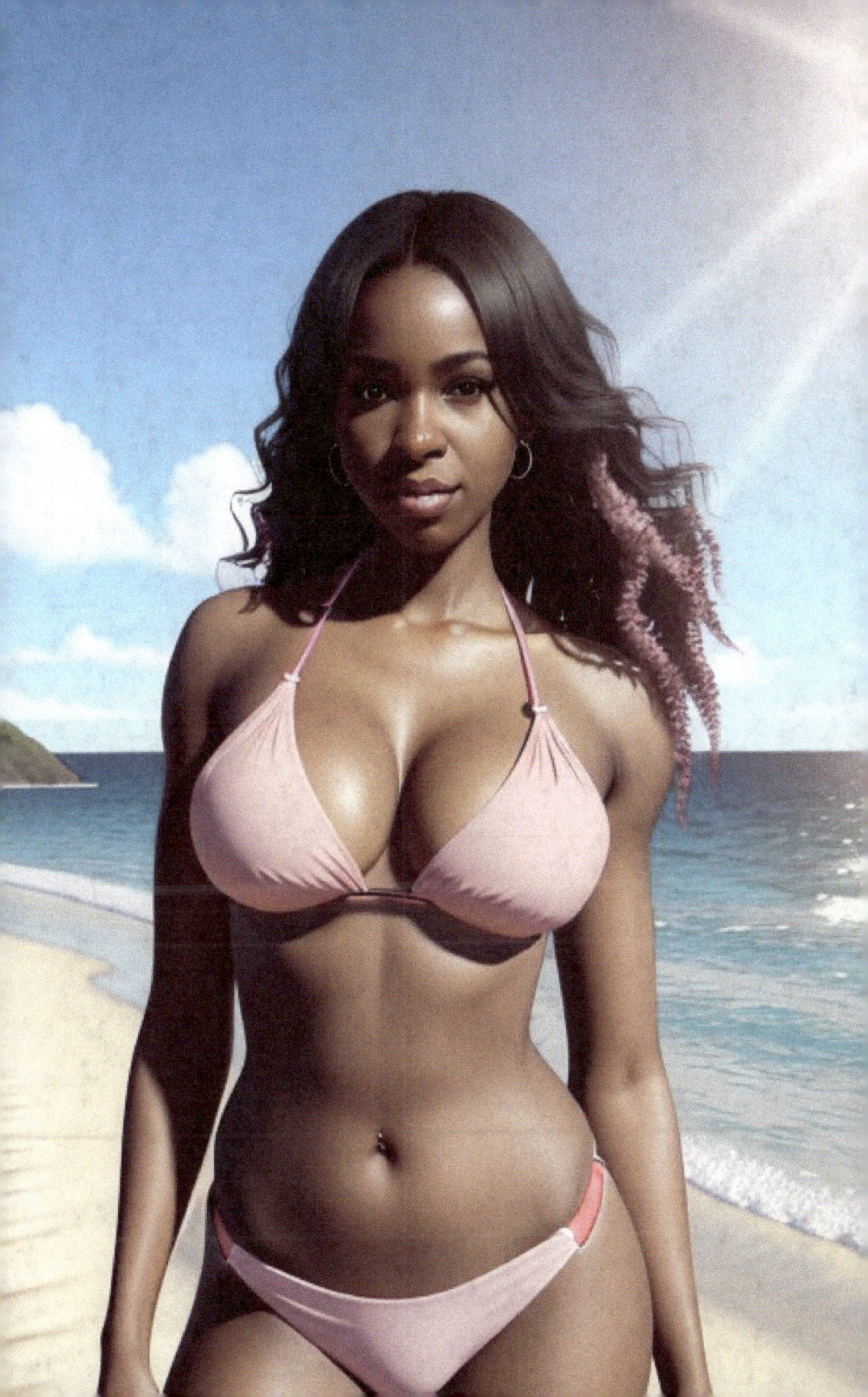

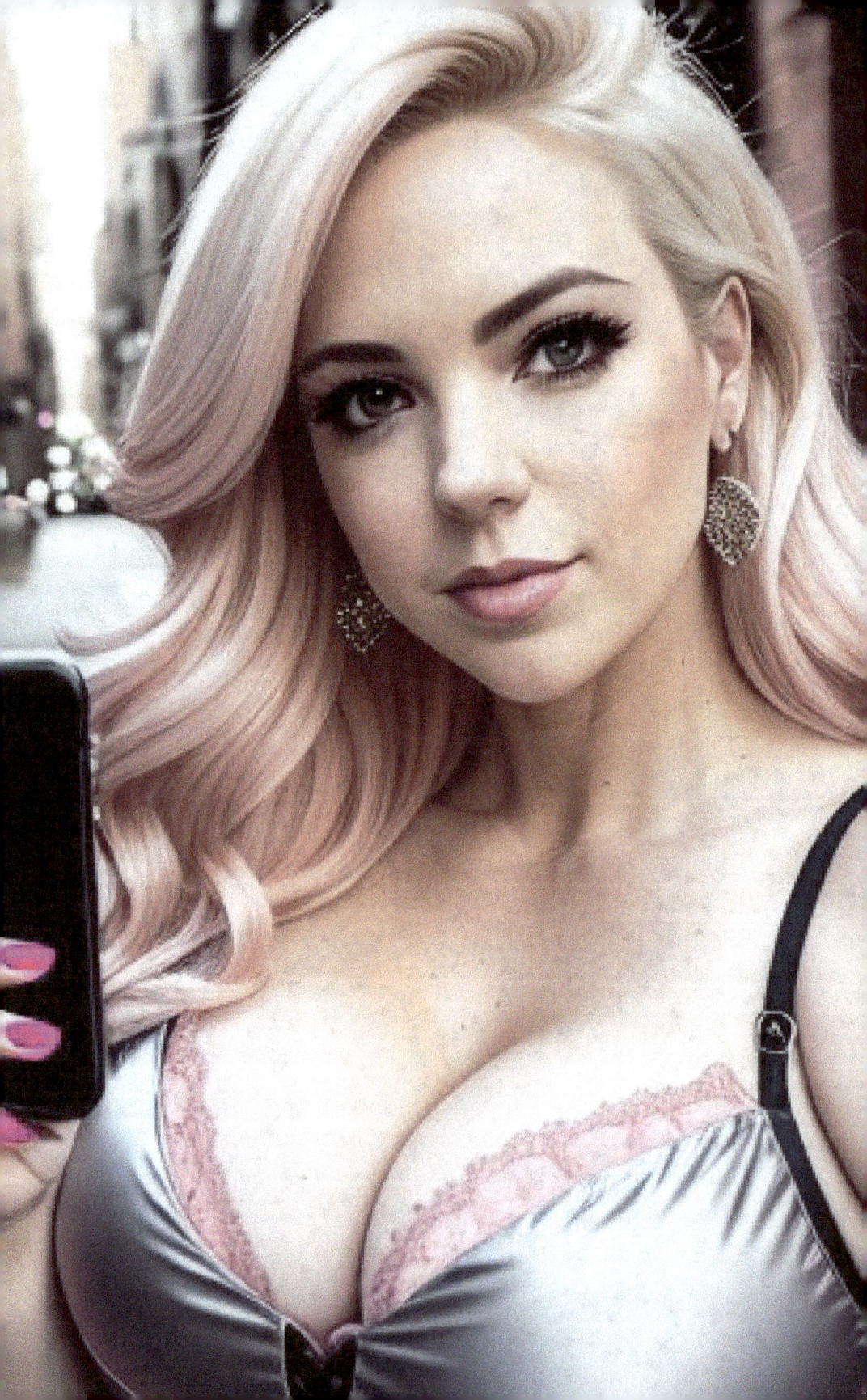

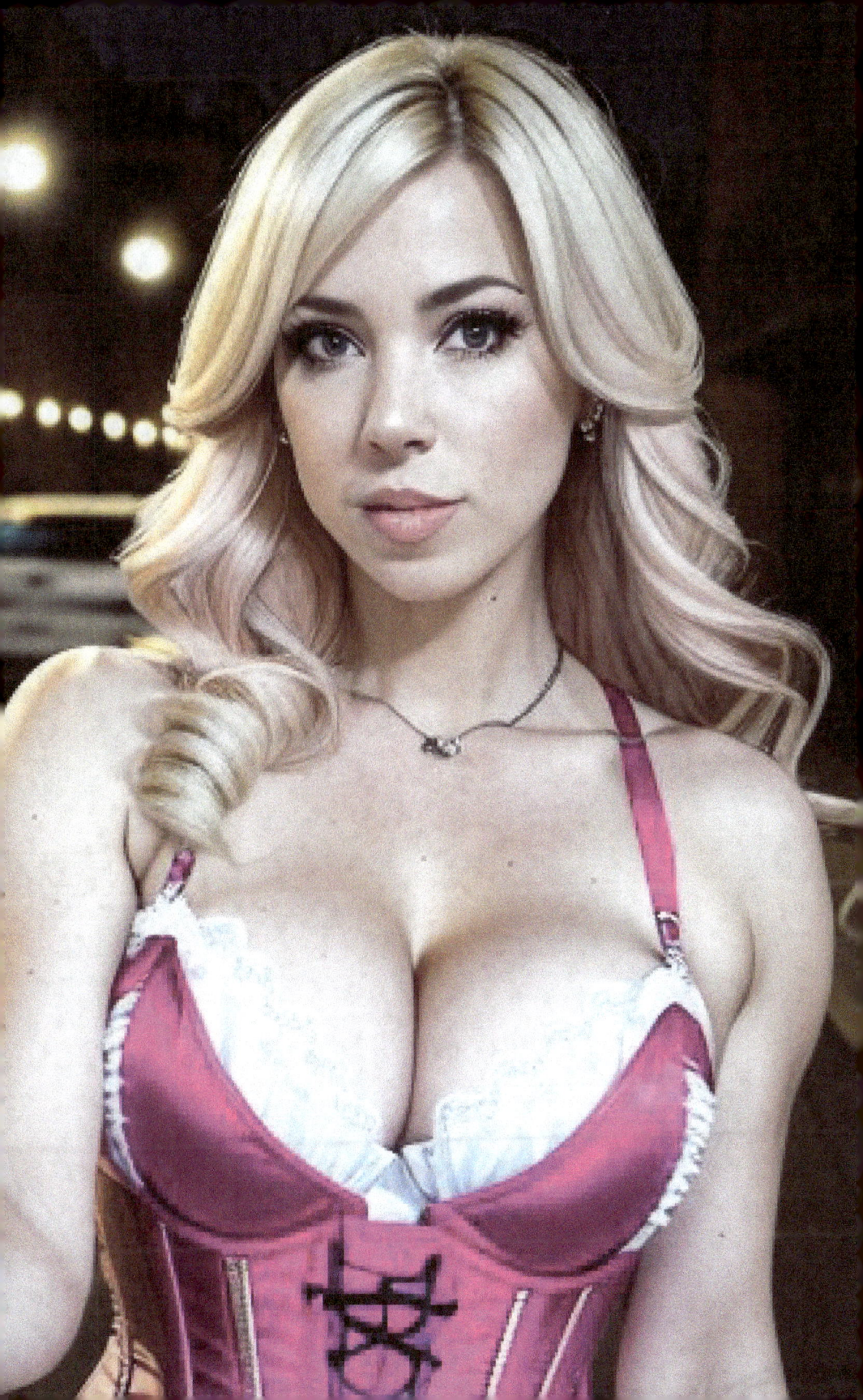

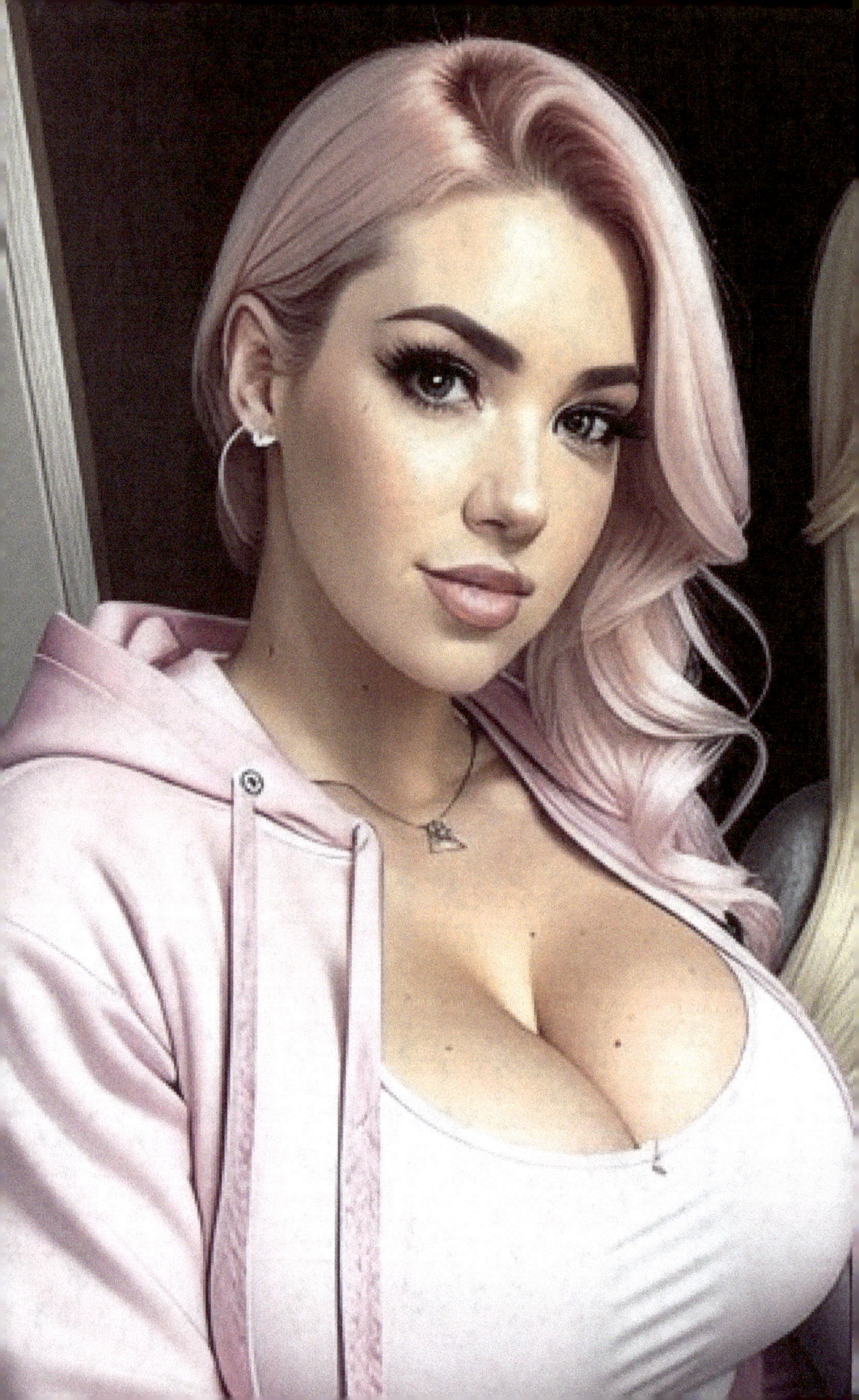

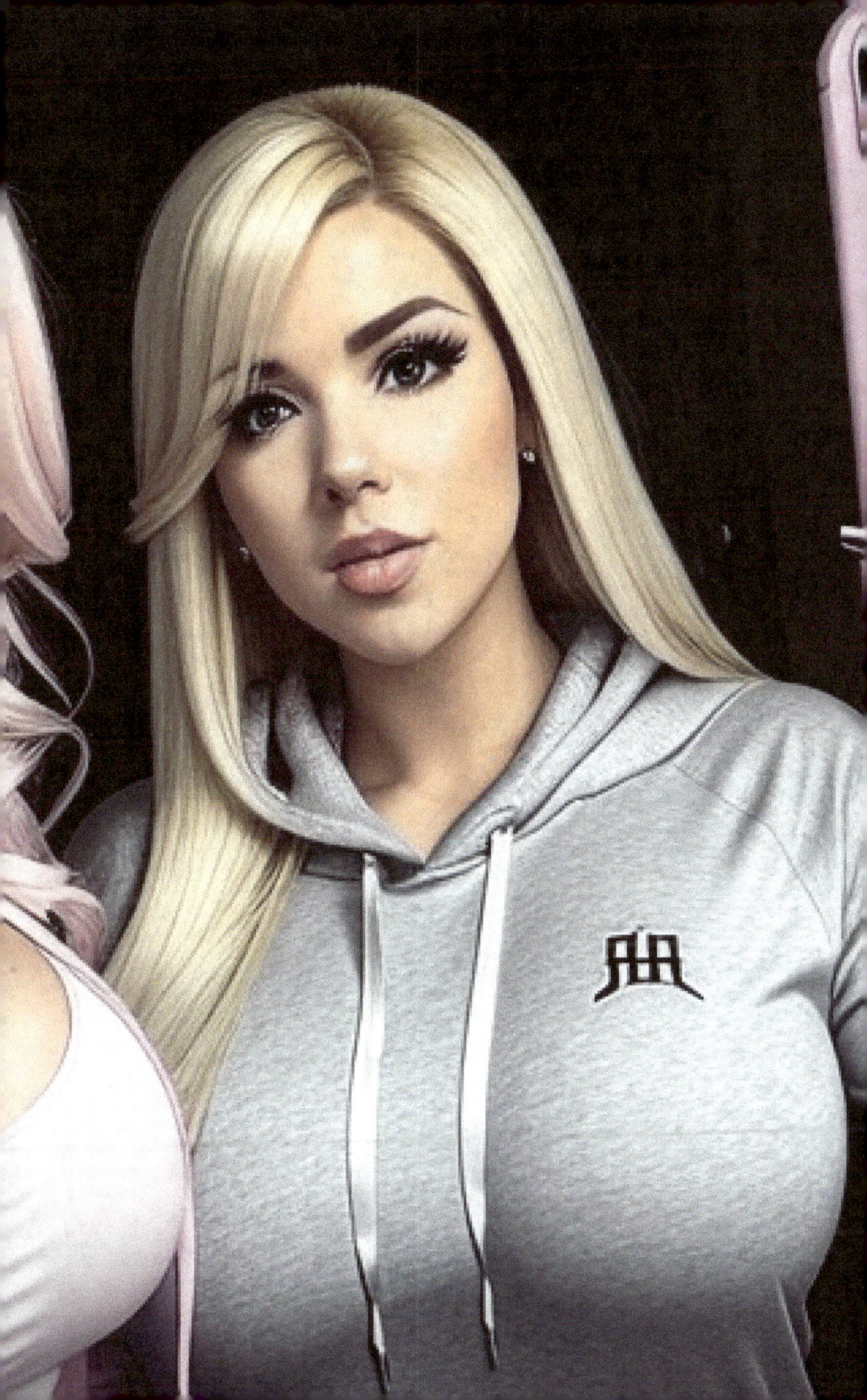

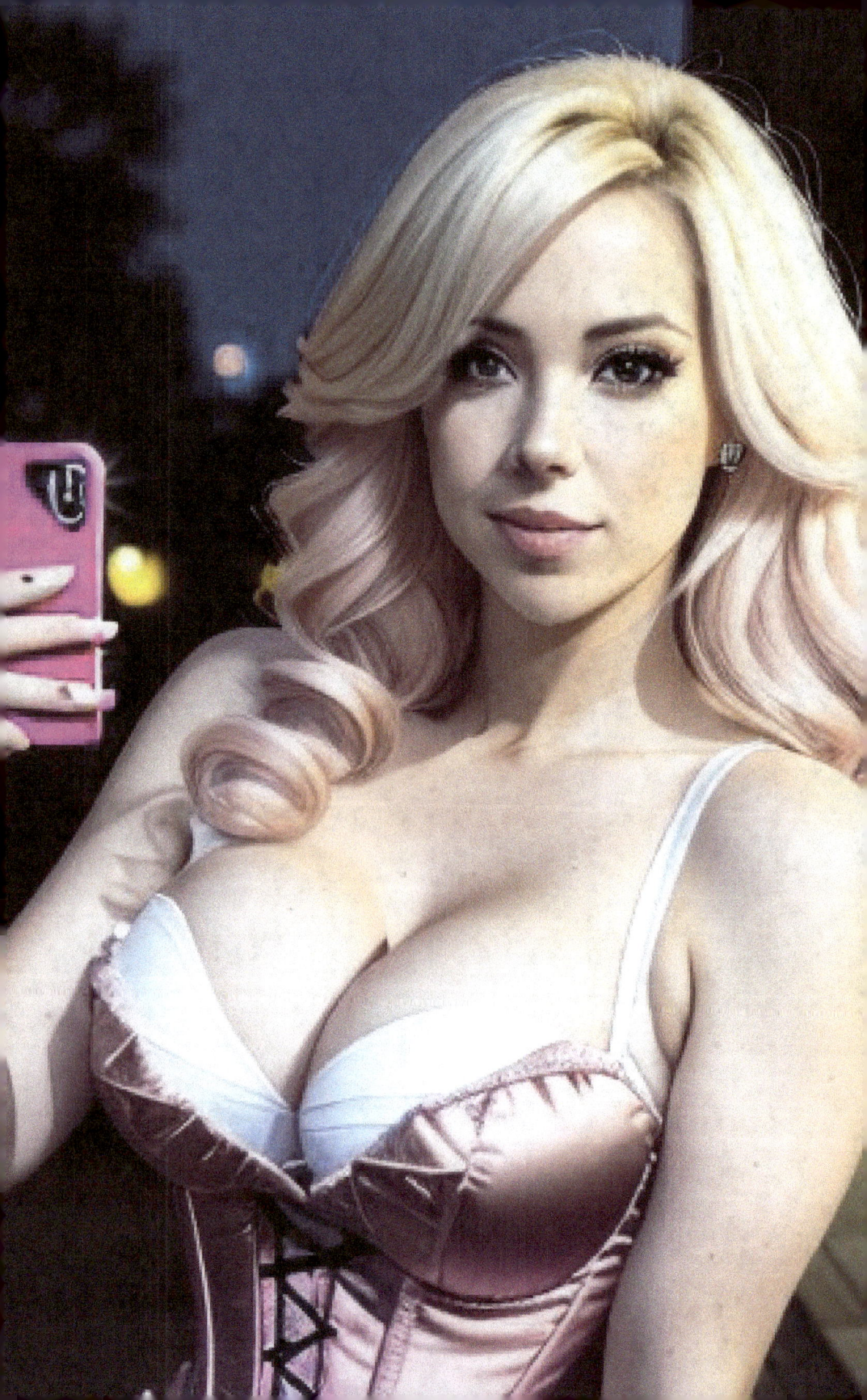

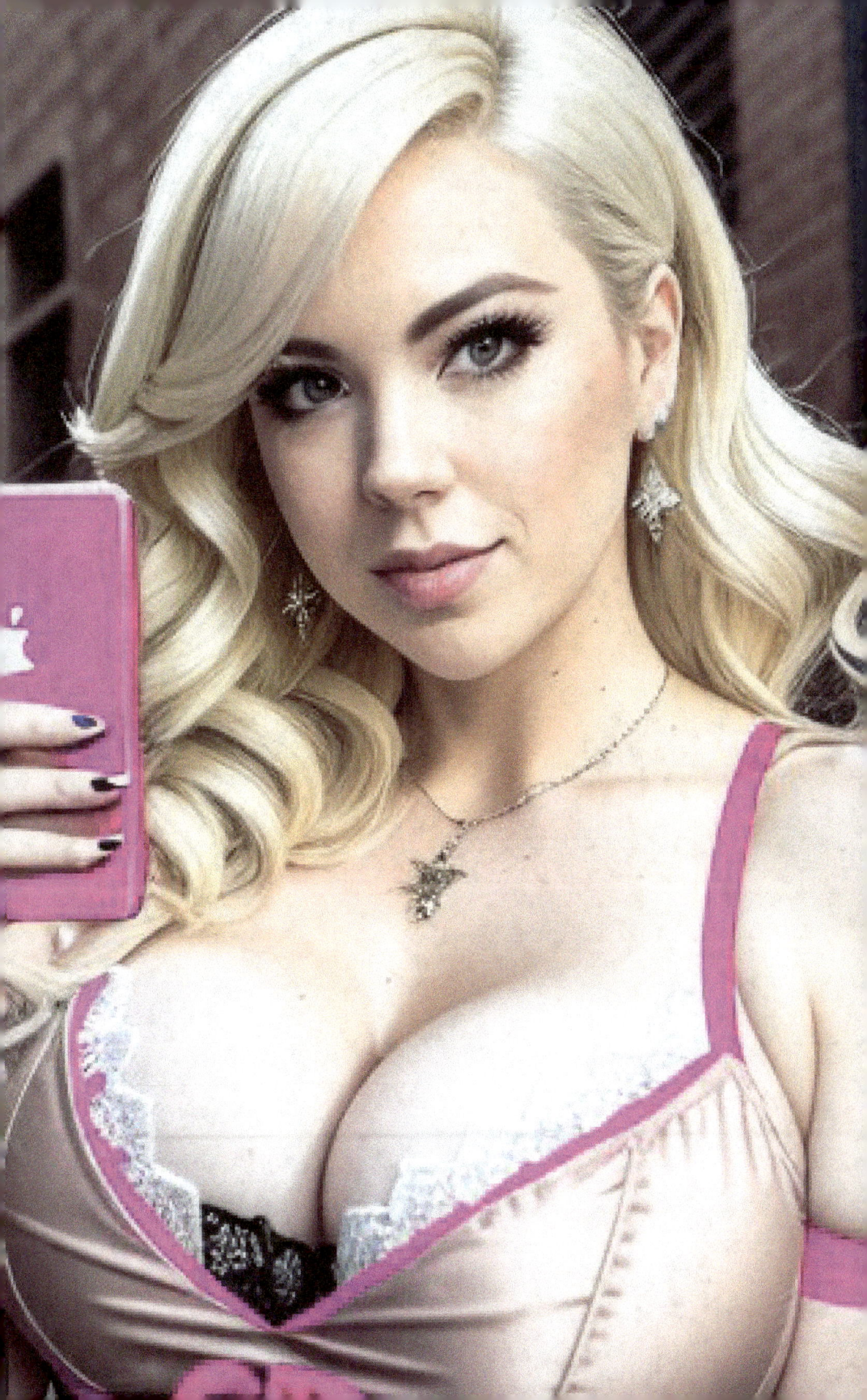

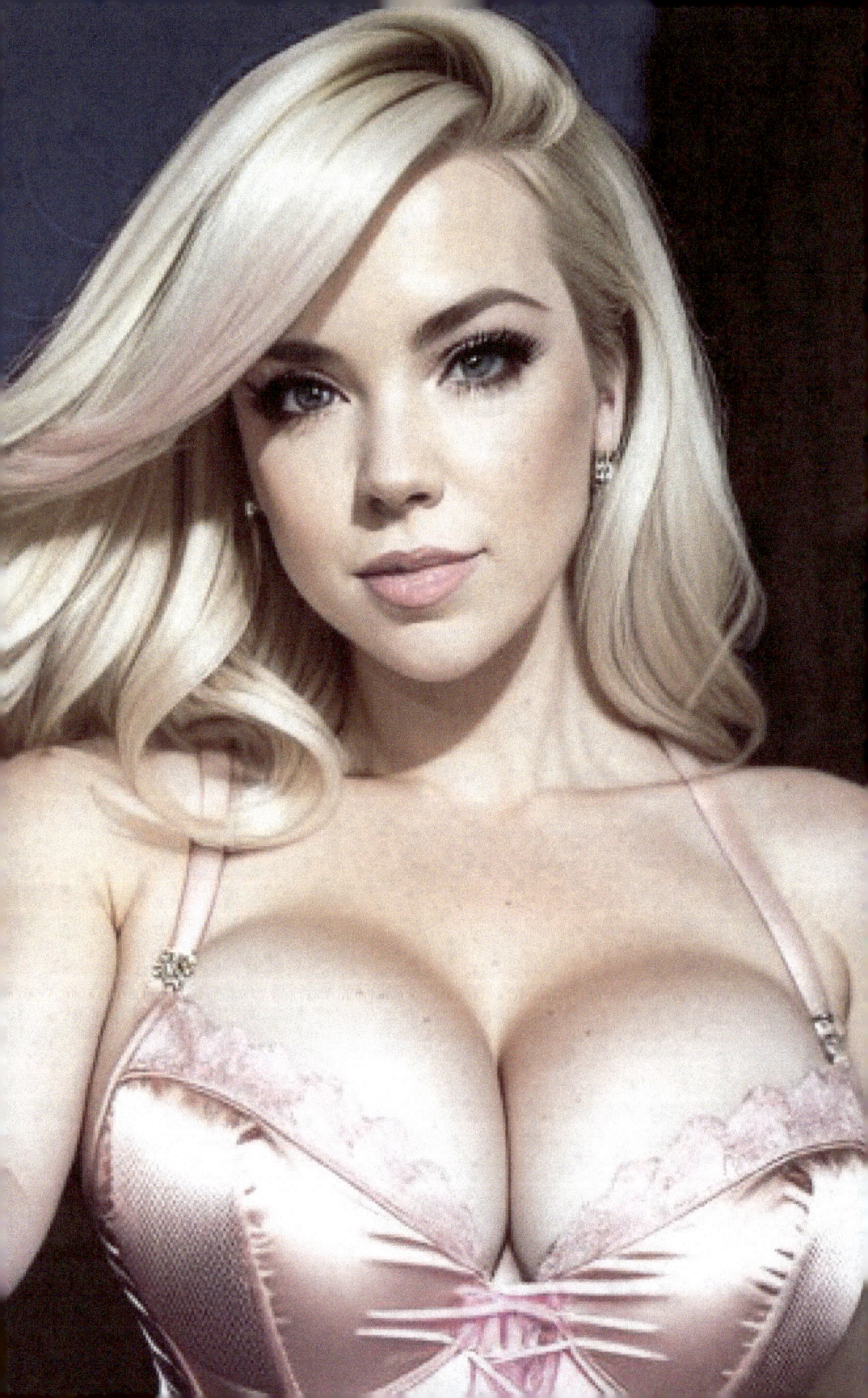

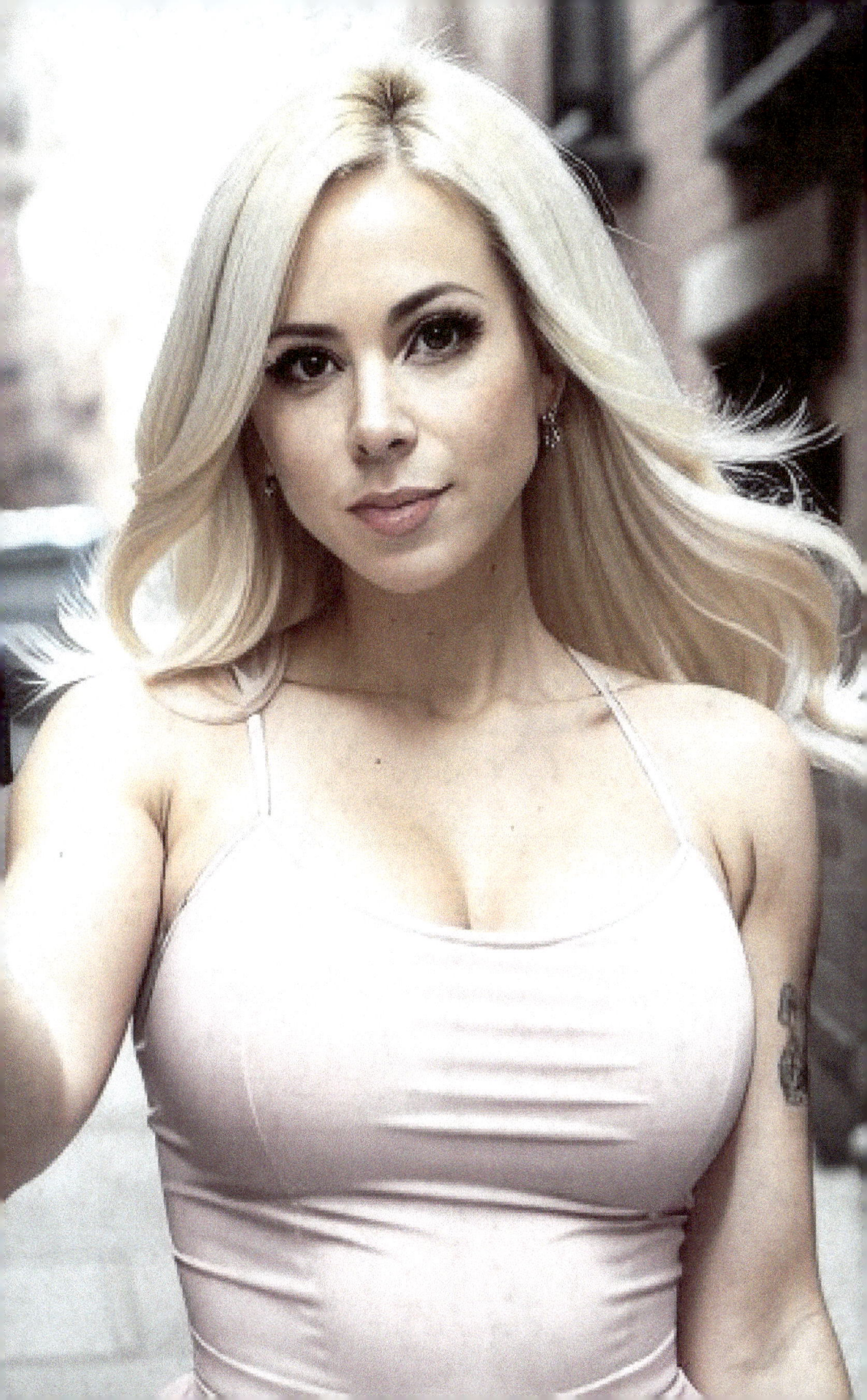

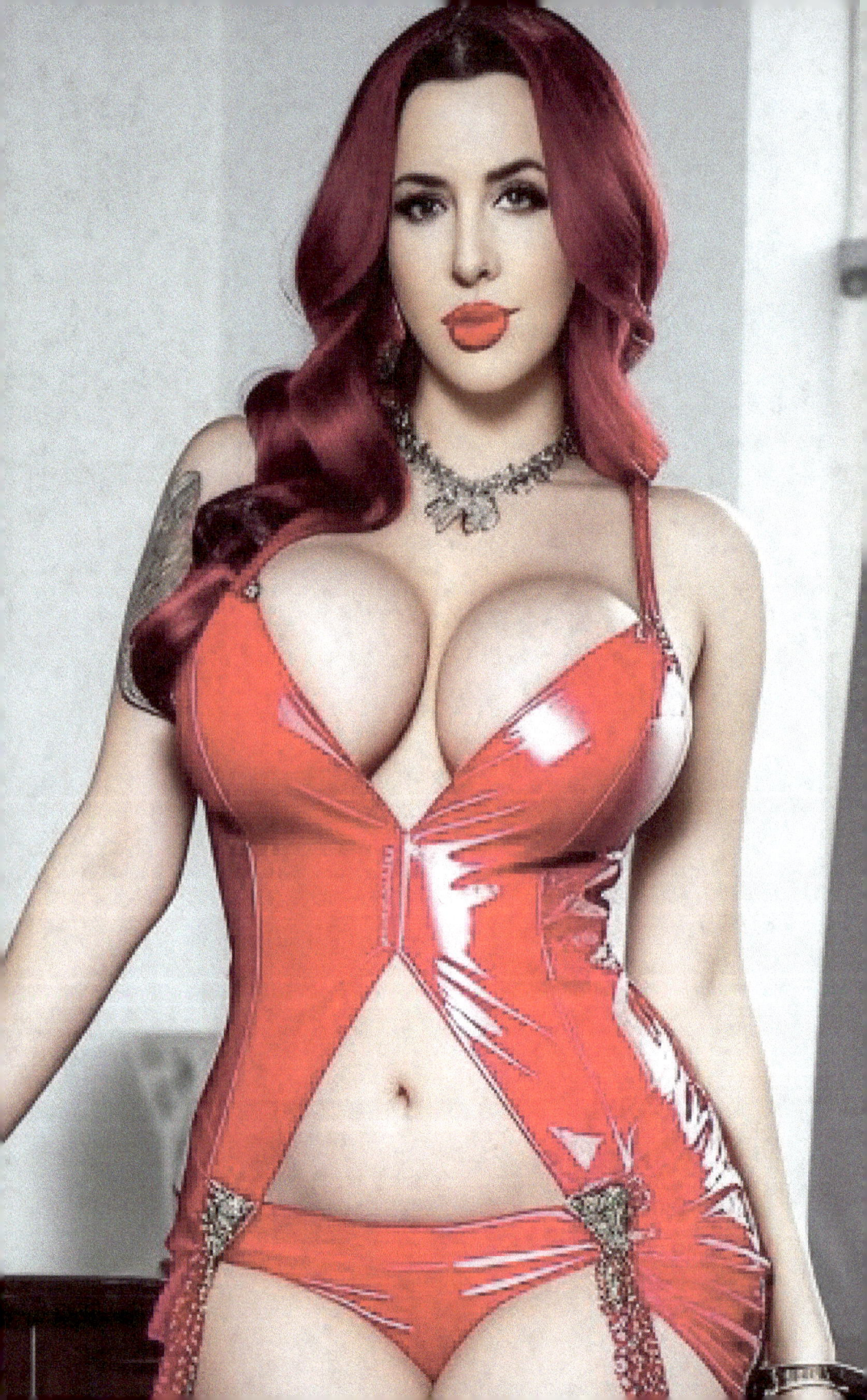

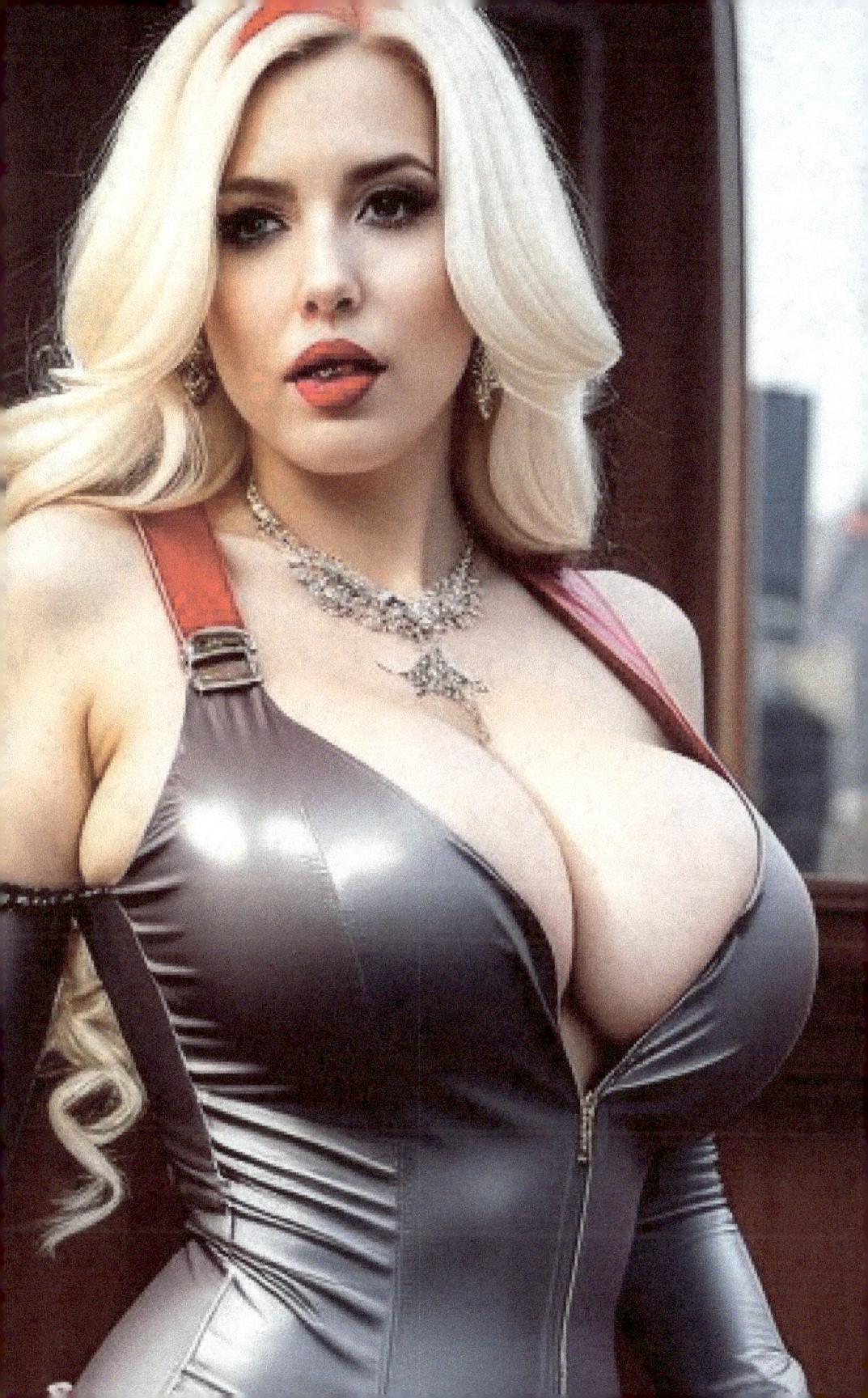

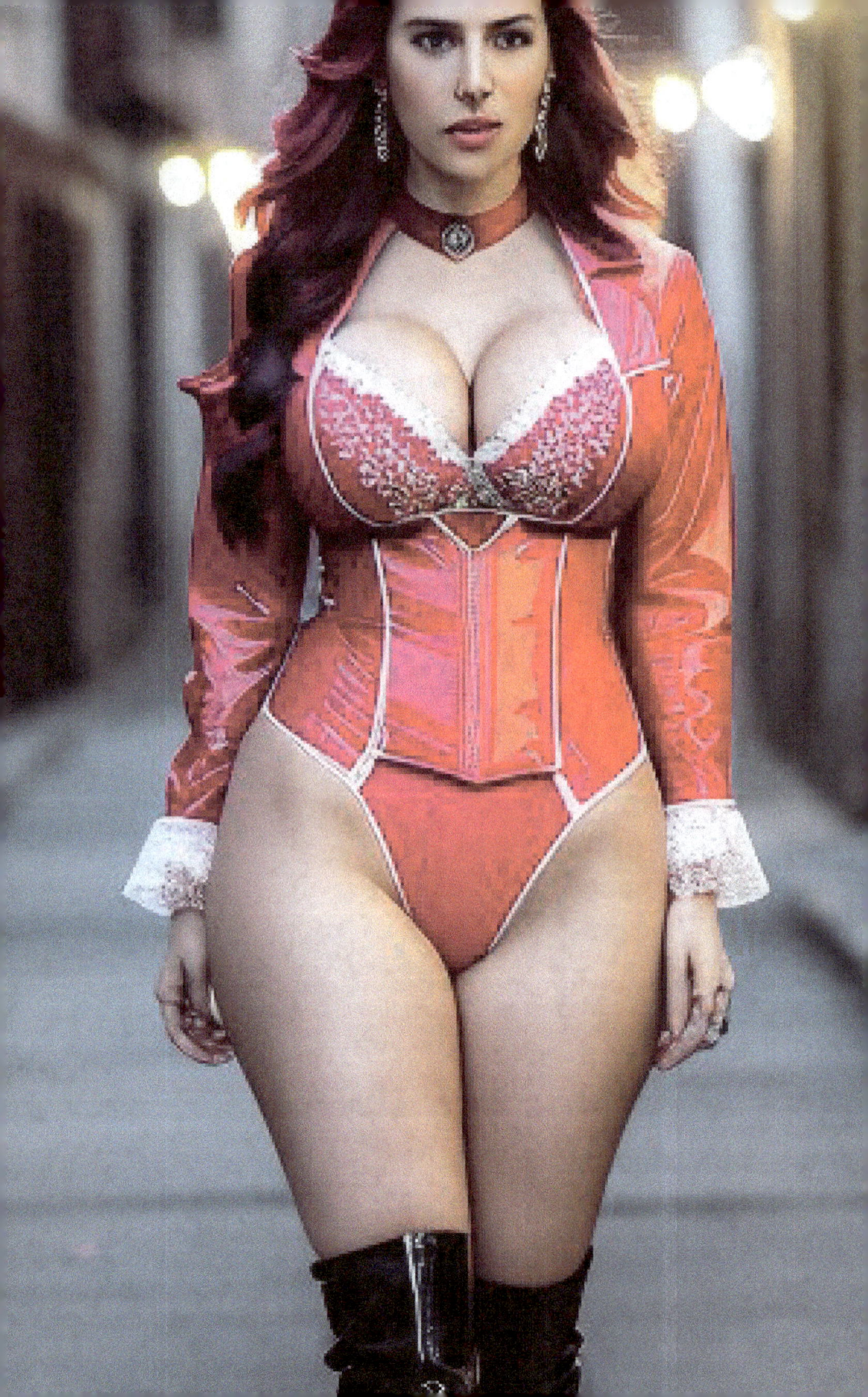

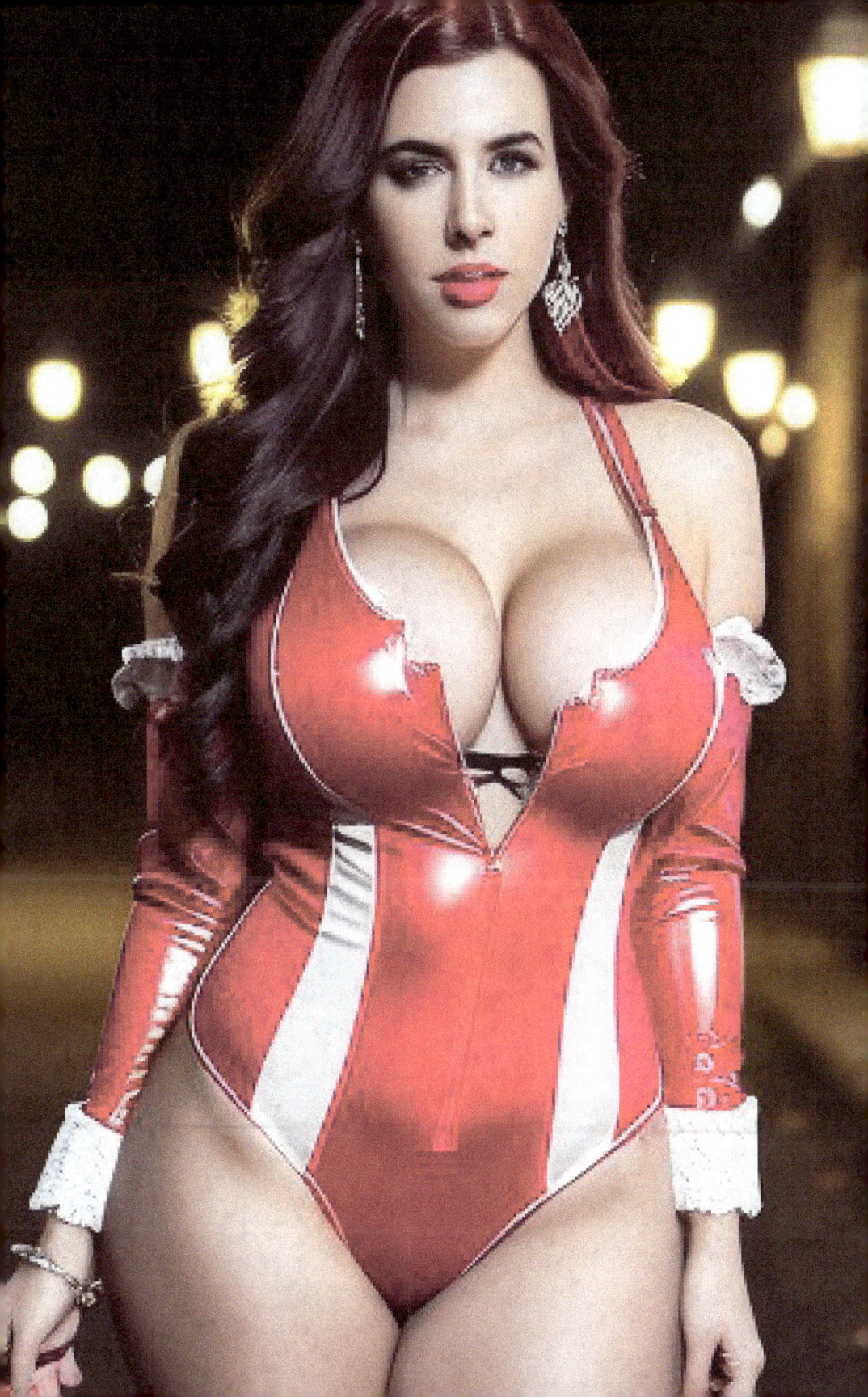

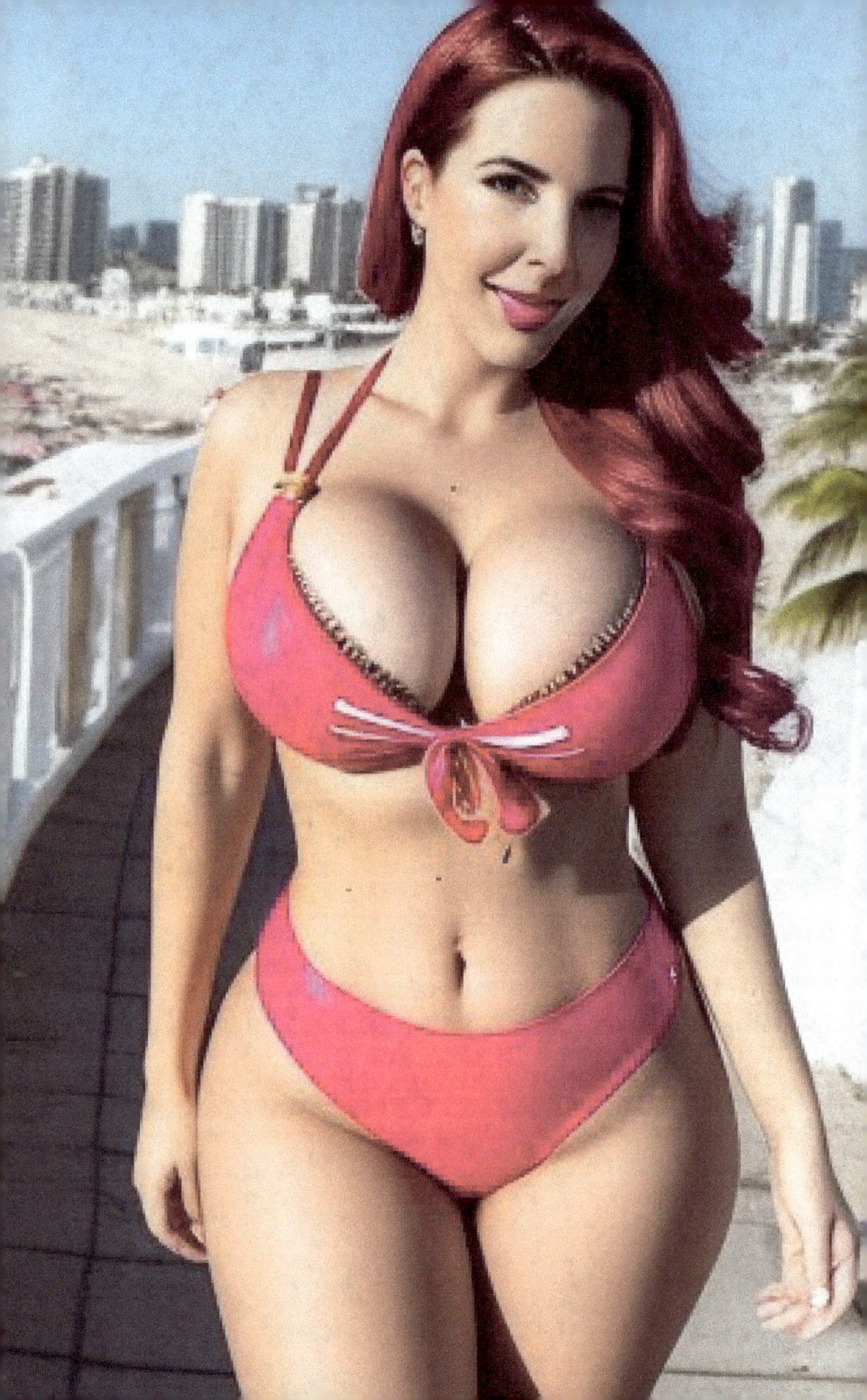

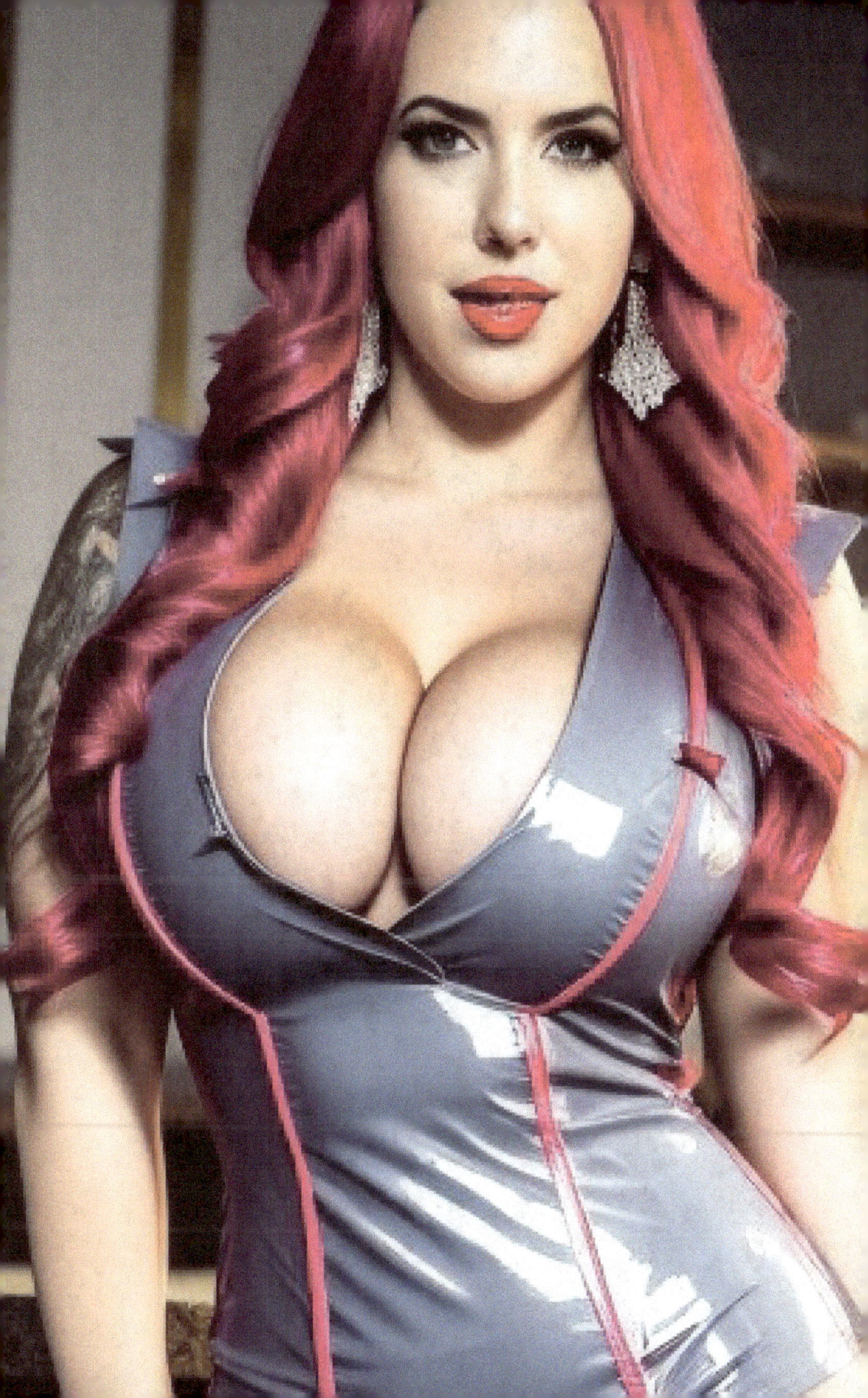

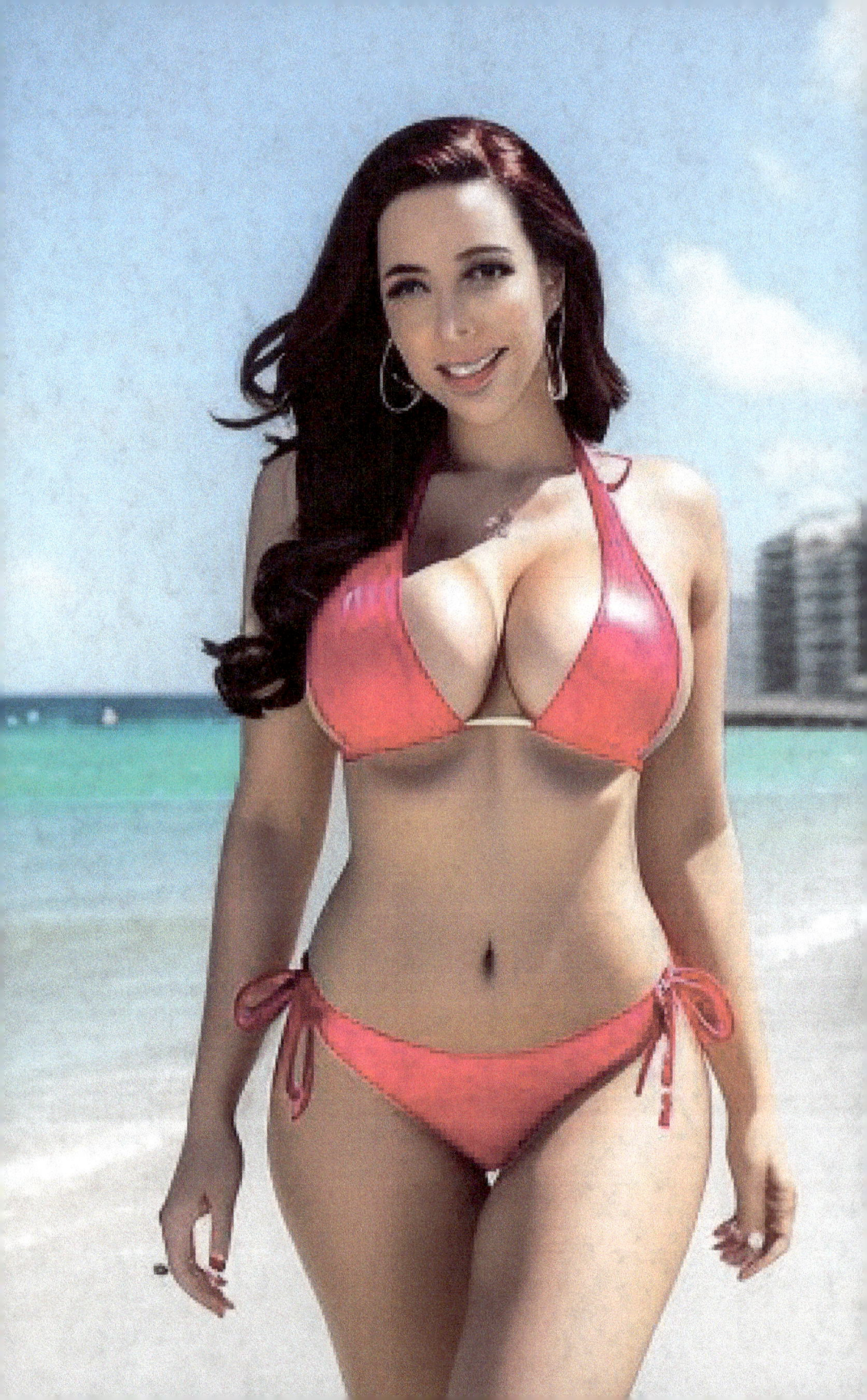

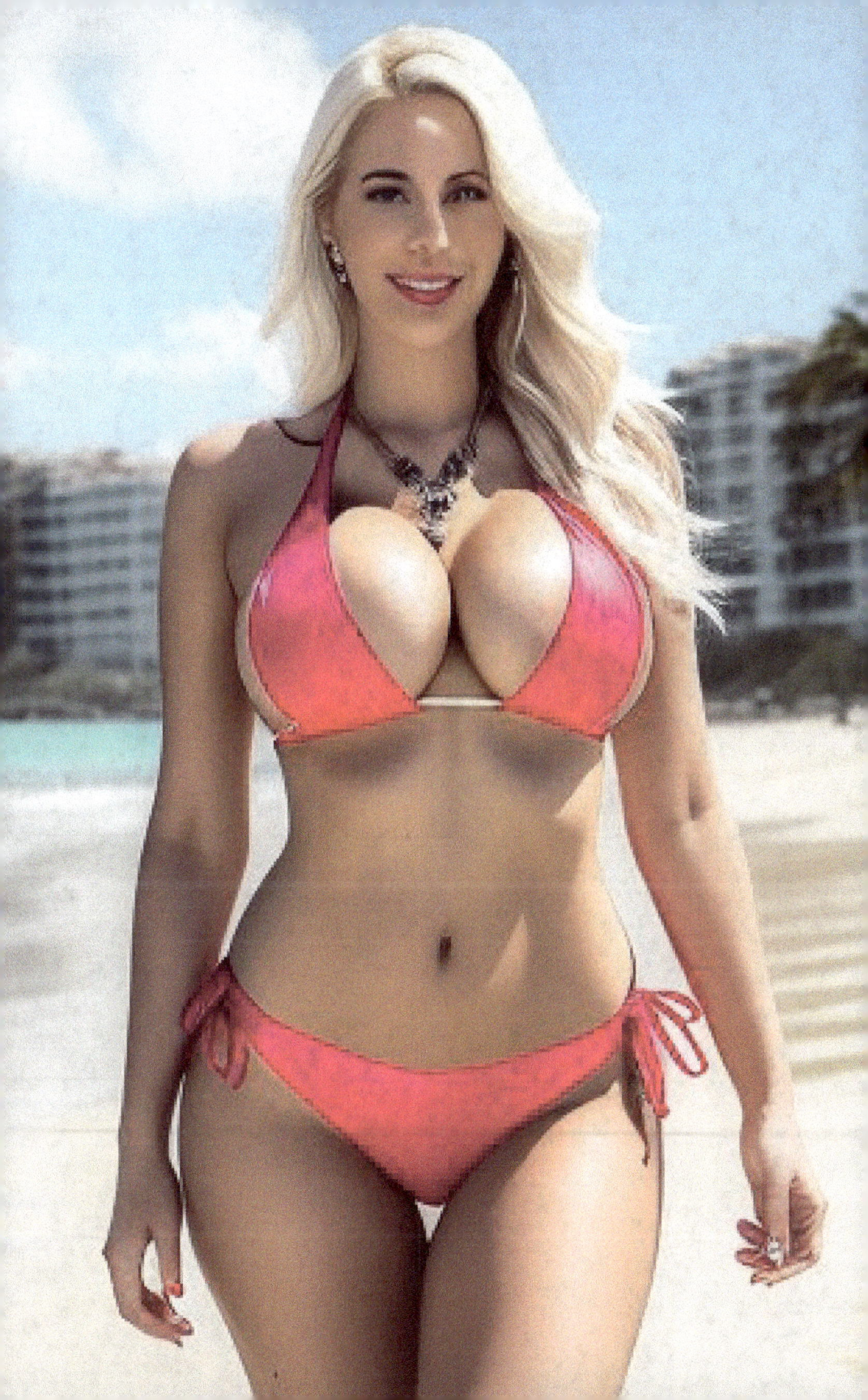

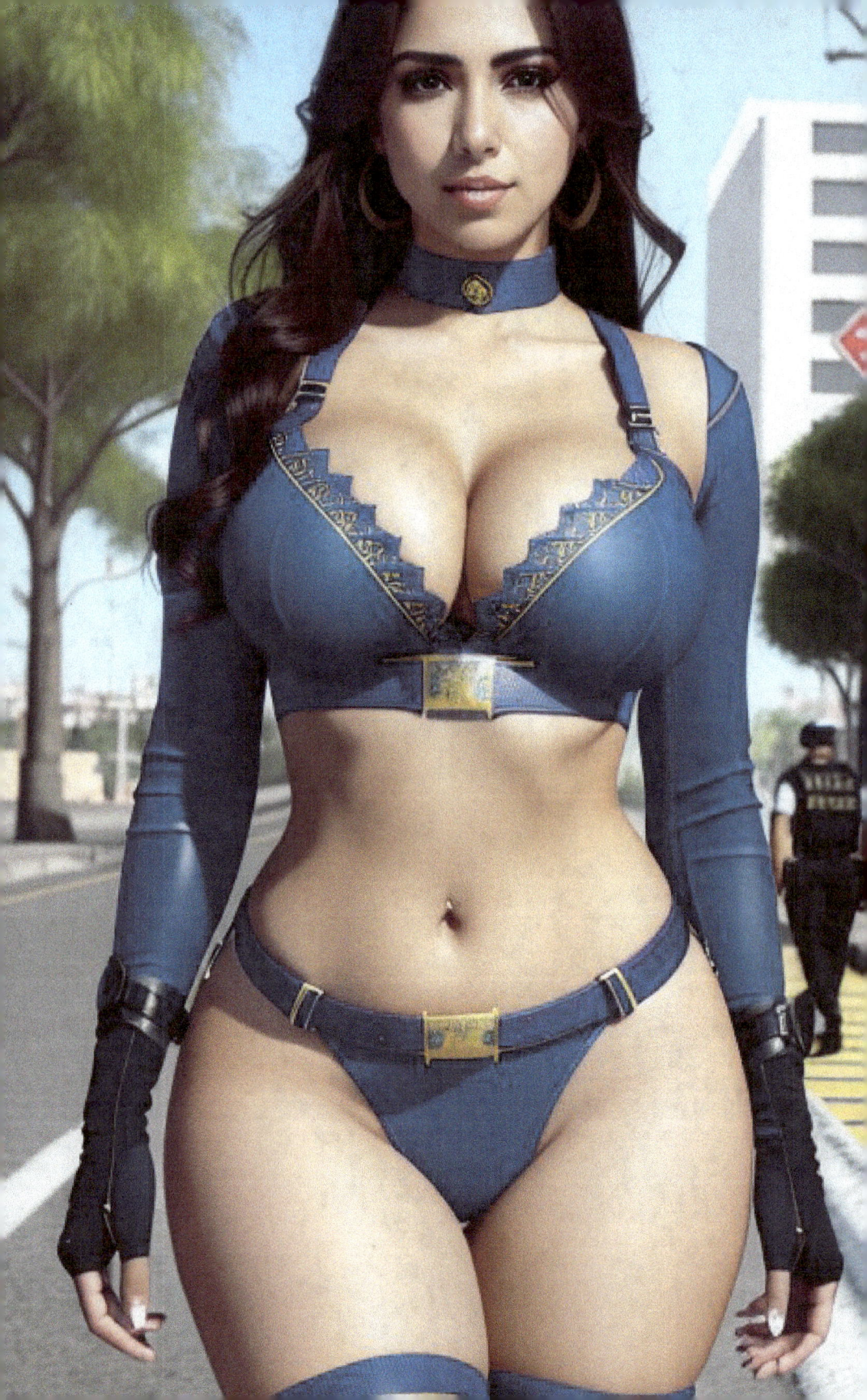

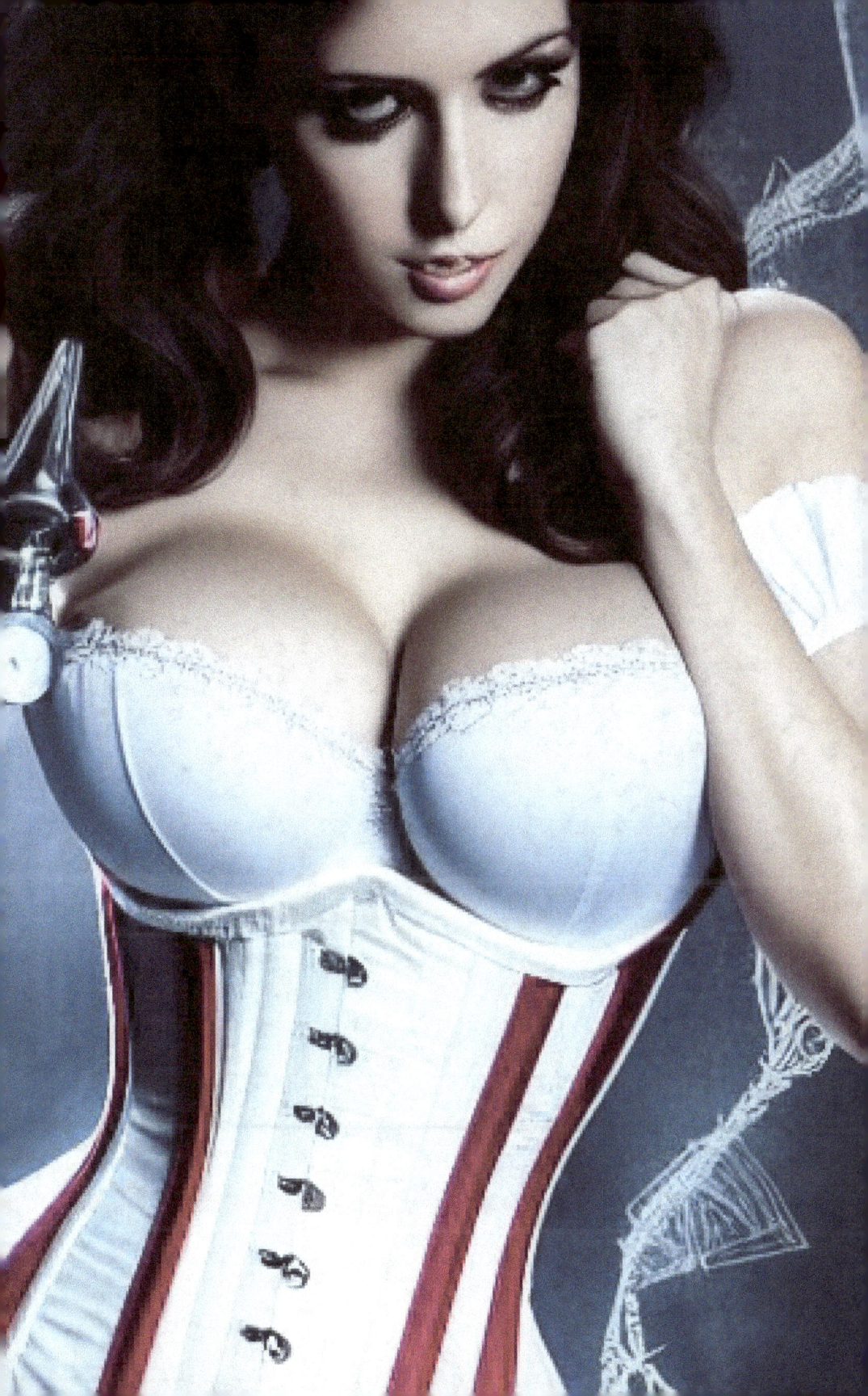

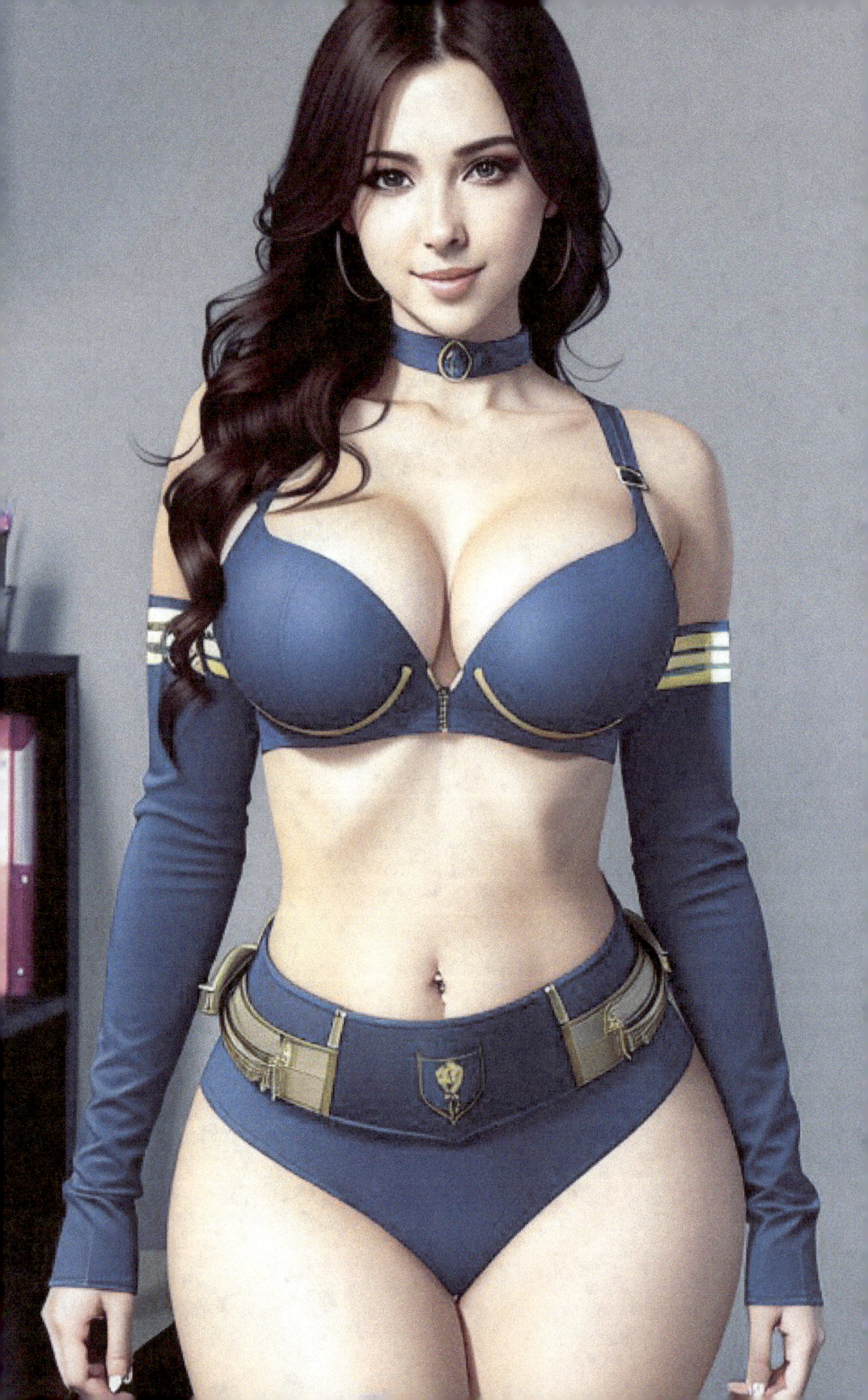

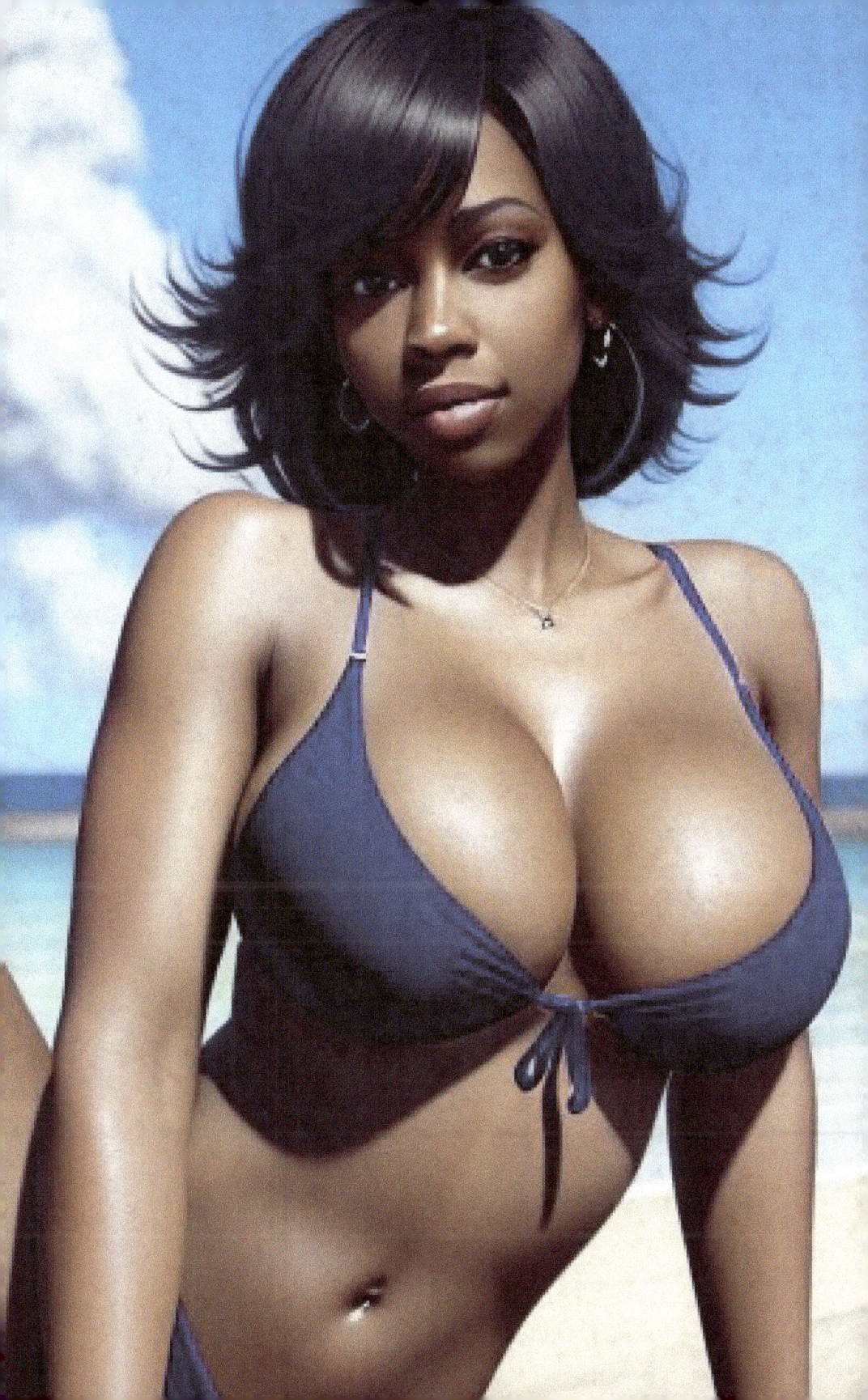

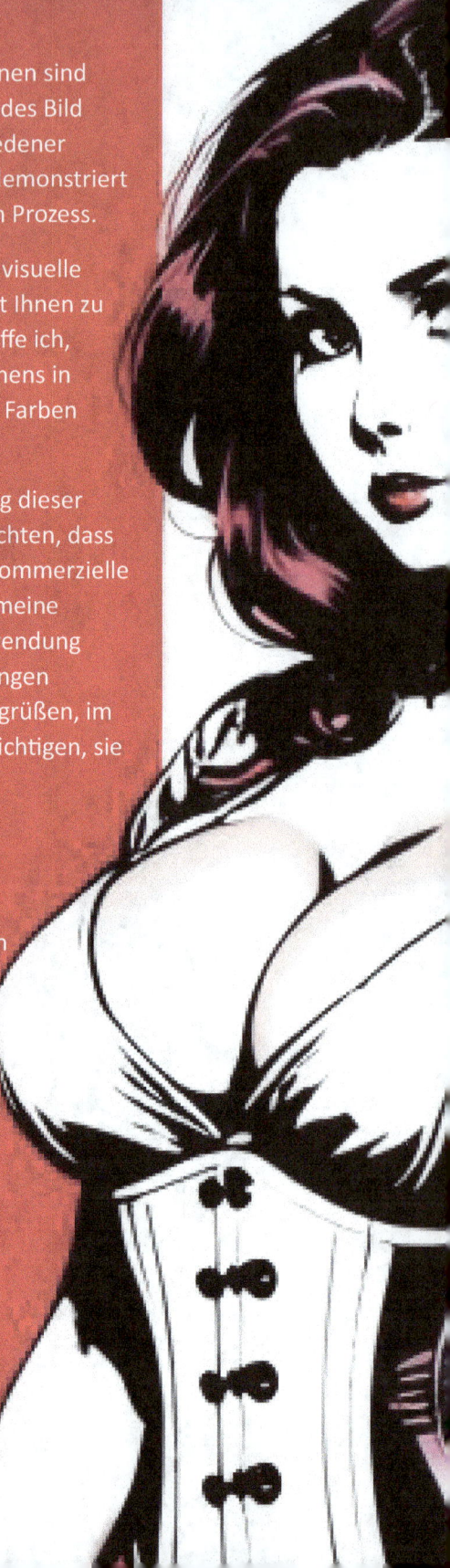

Alle in diesem Buch präsentierten Illustrationen sind ausschließlich meine eigenen Kreationen. Jedes Bild wurde sorgfältig unter Verwendung verschiedener künstlicher Intelligenz-Engines erstellt und demonstriert die Kraft moderner Technologie im kreativen Prozess.

Ich bin stolz darauf, Ihnen diese einzigartige visuelle Reise anzubieten, und ich freue mich, sie mit Ihnen zu teilen. Während Sie die Seiten erkunden, hoffe ich, dass Sie Inspiration und ein Gefühl des Staunens in den kunstvollen Details und den lebendigen Farben finden, die jede Illustration zieren.

Obwohl ich die Erlaubnis für die Verwendung dieser Illustrationen gewähre, ist es wichtig zu beachten, dass diese Verwendung ausschließlich für nicht-kommerzielle Zwecke beschränkt ist. Ich bitte Sie höflich, meine Urheberschaft zu respektieren und bei Verwendung dieser Bilder stets angemessene Zuschreibungen anzugeben. Darüber hinaus würde ich es begrüßen, im Voraus informiert zu werden, falls Sie beabsichtigen, sie in zukünftige Projekte einzubeziehen.

Indem wir uns an diese Richtlinien halten, können wir eine kooperative Umgebung fördern, die Kreativität fördert und gleichzeitig die geistigen Eigentumsrechte an diesem Werk anerkennt und respektiert. Gemeinsam können wir sicherstellen, dass die Schönheit und Raffinesse, die in diesen Bildern eingefangen sind, die Menschen noch viele Jahre lang inspirieren und faszinieren.

Vielen Dank, dass Sie sich auf diese visuelle Reise mit mir begeben.

Mit freundlichen Grüßen,

Ed. Mujika